现代职业教育标准体系建设系列丛书

现代学徒制专业教学标准和课程标准开发指南

全国现代学徒制工作专家指导委员会
广东省教育研究院 编

编 委 会

主　　　任：赵鹏飞　李海东
编委会成员：（排名不分先后）
　　　　　　杜怡萍　邓文辉　黄文伟
　　　　　　万　达　张　志　赵琼梅
　　　　　　吴　琼　叶　雯　杨翠友
　　　　　　门洪亮
执 行 主 编：杜怡萍　黄文伟　吴　琼
　　　　　　王红梅

广东高等教育出版社
Guangdong Higher Education Press
·广州·

图书在版编目（CIP）数据

现代学徒制专业教学标准和课程标准开发指南/全国现代学徒制工作专家指导委员会、广东省教育研究院编.—广州：广东高等教育出版社，2018.10（2020.5重印）

ISBN 978-7-5361-6317-1

Ⅰ.①现… Ⅱ.①广… Ⅲ.①职业教育-学徒-教育制度-课程标准-广东-手册 Ⅳ.①G719.2-62

中国版本图书馆CIP数据核字（2018）第237051号

现代学徒制专业教学标准和课程标准开发指南
XIANDAI XUETUZHI ZHUANYE JIAOXUE BIAOZHUN HE KECHENG BIAOZHUN KAIFA ZHINAN

出版发行	广东高等教育出版社
	地址：广州市天河区林和西横路
	邮政编码：510500　电话：（020）87553335　87551163
	http://www.gdgjs.com.cn
印　刷	佛山市浩文彩色印刷有限公司
开　本	787毫米×1 092毫米　1/16
印　张	11.75
字　数	178千
版　次	2018年10月第1版　2020年5月第2次印刷
定　价	36.00元

序一

现代学徒制是我国职业教育重要的人才培养制度和模式，标准开发是现代学徒制人才培养质量保证的重要基础。2014年，《国务院关于加快发展现代职业教育的决定》明确指出"开展校企联合招生、联合培养的现代学徒制试点"，教育部自2014年启动试点以来，就将现代学徒制标准体系建设作为重要的试点内容。2019年，《国家职业教育改革实施方案》提出要建成覆盖大部分行业领域、具有国际先进水平的中国职业教育标准体系。将标准化建设作为统领职业教育发展的突破口。教育部在《关于全面推进现代学徒制的通知》中再次提出开展标准体系建设，要求按照专业设置与产业需求对接、课程内容与职业标准对接、教学过程与生产过程对接的要求，校企研制高水平的现代学徒制专业教学标准、课程标准、实训条件建设标准等相关标准，做好落地实施工作。在开展现代学徒制的专业率先实施"学历证书+若干职业技能等级证书"制度试点。可见，标准开发是我国全面推进现代学徒制的重要工作。在现代学徒制试点过程中，广东、江苏、河南等省在现代学徒制标准建设方面进行了深入探索，积累了宝贵经验。为做好全国全面推进现代学徒制标准体系建设的指导工作，全国现代学徒制工作专家指导委员会组织专家，总结、吸收全国的经验成果，开展政策和理论研究，针对现代学徒制专业教学标准和课程标准开发，完成了本书的编写。

现代学徒制专业教学标准和课程标准是现代学徒制专业教学的基本文件，是职业院校制定现代学徒制专业人才培养方案的重要依据，是现代学徒制专业人才培养的质量保证。现代学徒制专业教学标准和课程标准开发，首先，必须坚持以职业能力为逻辑起点和基本依据的开发思想。厘清学徒岗位成长路径，分析职业岗位尤其是学徒岗位的典型工作任务及能力要求，并将典型工作任务转化为工学一体化的课程体系，实现课程内容与职业标准的有机对接。这与 1+X 证书制度的职业技能等级证书的开发思想一脉相承，因此，在标准开发中，课程内容还必须与职业技能等级标准有机联系。其次，必须坚持校企联合的开发原则。学校和企业共同确定人才培养的目标规格和课程体系，共同组建师资队伍和创设实施条件，共同组织人才培养的教学过程和评价考核。再次，必须体现"双元育人、在岗培养"的育人特征。校企双元不仅要体现在标准开发的全过程，而且要体现在课程安排中，有学校课程和企业课程；要体现在教学场所中，有学校也有企业的教学环境要求；要体现在双导师师资队伍建设中，有学校教师又有企业师傅。基于岗位需求开发课程，基于工作环境开展教学，实现学徒在岗成才。最后，必须遵循标准化的开发路径。为保证标准开发的质量，标准开发要统一思想认识、统一路径要求、统一形式结构。

  本书的出版，重在提供一套标准化的现代学徒制专业教学标准和课程标准开发的范式，指导全国各职业院校和行业企业开展现代学徒制专业建设和人才培养。当然，这种范式不是唯一的，我们希望，各职业院校和行业企业认真学习，结合本区域及专业实际情况，积极开展研究和实践，创新标准研制的方式方法，丰富现代学徒制标准体系，为全面推进现代学徒制作出积极的贡献！借此，我特别感谢为本书出版做出积极贡献的职业院校、行业企业和专家学者！

全国现代学徒制工作专家指导委员会主任
广东建设职业技术学院院长

2020 年 3 月

序二

  2015年以来，教育部分三批布局558个现代学徒制试点，覆盖1000多个专业点，每年惠及9万余名学生（学徒）。2019年，《教育部办公厅关于全面推进现代学徒制工作的通知》（教职成厅函〔2019〕12号）提出，总结现代学徒制试点经验，全面推广现代学徒制，重点落实好招生招工一体化、标准体系建设、双导师团队建设、教学资源建设、培养模式改革、管理机制建设等重点任务。现代学徒制已真正成为我国职业教育深化产教融合、校企合作，精准培养技术技能人才的重要抓手。广东是现代学徒制理论研究和实践探索的先行地，早在2009年，清远职业技术学院就选择计算机应用技术等3个专业开展现代学徒制探索。2012年，广东省教育厅正式批准清远职业技术学院以自主招生方式面向企业员工招收现代学徒制学生120人进行试点，现代学徒制"广东模式"的研究与实践由此拉开序幕。

  整体上看，现代学徒制的"广东模式"具有四个特点。一是国家层面现代学徒制试点比例高。国家三批试点中，广东省有39项，占比7%。二是省级层面现代学徒制试点不断深化。截至2019年，广东已有54所高校194个专业点开展现代学徒制，规模以上企业参与育人超200家，受益学生（学徒）人数已突破1万人，形成了学校+大型企业、学校与产业园区融合等广东特色现代学徒制实现路径。三是不断强化现代学徒制实践的各项保障。成立广东省现代学徒制工作指导委员会，为全省高职院校现代学徒制试点工作提供培训、指导、监督、管理与咨询；先后出台《关于大力开展职业教育现代学徒制试点工作的实施意见》《广东省职业教育条例》《广东省职业教育"扩容、提质、强服务"三年行动计划（2019—2021年)》等地方法规和政策文件，确立了现代学徒制法律地位，为建设高质量的现代学徒制提供了坚强保障。四是着力以标准引领现代学徒制健康高质量发展。2015年，广东省级财政立项建设医学美容技术等16个省级现代学徒制专业教学标准研制项目，推动构建以专业教学标准为核心，涵盖课程标准、学徒考核评价标准、校企双导师标准等的标准体系，已形成一套可复制的现代学徒制专业教学标准建设理论与方法。

本书的出版，吸收了广东现代学徒制标准体系研制经验，我由衷地高兴能为国家全面推进现代学徒制贡献广东智慧，也特别为直接参与研制的全体工作人员点赞。我期望，各职业院校和各行各业能认真学习领会、积极实践并提出建设性意见和建议，为推动我国现代学徒制高质量发展做出积极贡献。

是为序。

广东省教育研究院
院长、党委书记

2020 年 3 月

前言

2019年，《教育部办公厅关于全面推进现代学徒制工作的通知》（教职成厅函〔2019〕12号）提出要"总结现代学徒制试点经验，全面推广现代学徒制"。标准体系建设是全面推广现代学徒制的六大重点任务之一。教育部启动现代学徒制试点以来，广东、江苏、河南等省已先期在现代学徒制标准建设方面进行了地方性探索，积累了宝贵经验。广东是较早开展现代学徒制标准建设的先行地。2015年，广东在全国率先启动医学美容技术等16个现代学徒制专业教学标准和课程标准研制项目，全面开展现代学徒制内涵建设。到2017年底，顺利完成首批现代学徒制专业教学标准和课程标准编制工作，形成系列成果，并在实践中形成了一套成熟、有效的标准建设组织管理、路径与方法。广东现代学徒制专业教学标准和课程标准研制以"能力衔接、系统培养"理念为指导，按照设计框架、构建标准、分级培养、衔接贯通的思路，通过供需调研、职业能力分析、课程体系构建、标准编制4个环节有条不紊地开展工作。通过运用科学的方法开展各环节工作，建构以公共基础课程、专业技术技能课程、岗位能力课程、专业拓展课程为模块的现代学徒制专业课程体系，实现了课程内容对接职业能力标准，编制出具有实施价值的专业教学标准和课程标准。

全国现代学徒制工作专家指导委员会协同广东省教育研究院，组织专家完成本书编写工作。本书在总结各省开展现代学徒制标准编制的理论、思路、方法的基础上，以贯彻落实《国家职业教育改革实施方案》尤其是1+X证书制度为指导思想，为全国现代学徒制专业教学标准和课程标准开发提供思想理论、方法路径、编写范例。全书设开发思想及方法、专业教学标准编制、课程标准编制、附录四大部分，以实践操作指导为重点，对现代学徒制专业教学标准和课程标准中的每一项内容如何编写作了详细的指导说明，呈现了现代学徒制高职、中职专业教学标准框架结构和课程标准基本框架结构，并将现代学徒制高职医学美容技术专业教学标准和美容美体技术课程标准、现代学徒制高职应用电子技术专业教学标准和电子电路绘图与制版课程标准作为范例，作了详细的内容展示。附录还提供了政策文件参考，以及基于专业教学标准制定的人才培养方案范例。

由于各种原因，书中难免有不当或错漏之处，敬请读者不吝指正。

编　者

2020 年 3 月

目 录

第一部分　开发思想及方法

第一章　现代学徒制专业教学标准和课程标准开发思想 …………………… 2
第二章　现代学徒制专业教学标准和课程标准开发方法 …………………… 9

第二部分　专业教学标准编制

第一章　现代学徒制专业教学标准编写说明 …………………………………… 34
第二章　现代学徒制高职专业教学标准基本框架 ……………………………… 43
第三章　现代学徒制中职专业教学标准基本框架 ……………………………… 54
第四章　现代学徒制专业教学标准范例 ………………………………………… 63

第三部分　课程标准编制

第一章　现代学徒制课程标准编写说明 ………………………………………… 112
第二章　现代学徒制课程标准基本框架 ………………………………………… 116
第三章　现代学徒制课程标准范例 ……………………………………………… 118

附录

1. 《教育部关于开展现代学徒制试点工作的意见》 …………………………… 140
2. 《教育部办公厅关于做好2018年度现代学徒制试点工作的通知》 ………… 144
3. 《关于在院校实施"学历证书+若干职业技能等级证书"制度试点方案》 … 150
4. 《职业技能等级证书监督管理办法（试行）》 ………………………………… 155
5. 《广东省教育厅关于公布2015年度省高等职业教育专业教学标准立项项目的通知》
　……………………………………………………………………………………… 156
6. 《清远职业技术学院与广东伊丽莎白美容健身有限公司的现代学徒制医学美容技术专业人才培养方案》举例 ………………………………………………………… 162

第一部分
开发思想及方法

第一章　现代学徒制专业教学标准和课程标准开发思想

现代学徒制是职业教育主动服务当前经济社会发展要求，推动职业教育体系和劳动就业体系互动发展，打通和拓宽技术技能人才培养和成长通道，推进现代职业教育体系建设的战略选择；是深化产教融合、校企合作，推进工学结合、知行合一的有效途径；是全面实施素质教育，把提高学生职业技能和培养学生职业精神高度融合，培养学生社会责任感、创新精神、实践能力的重要举措。教育部开展现代学徒制试点工作明确要求：完善人才培养制度和标准。按照"合作共赢、职责共担"原则，校企共同设计人才培养方案，共同制定专业教学标准、课程标准、师傅标准、质量监控标准及相应实施方案。校企共同建设基于工作内容的专业课程和基于典型工作过程的专业课程体系，开发基于岗位工作内容、融入国家职业标准的专业教学内容和教材。《教育部办公厅关于全面推进现代学徒制工作的通知》（教职成厅函〔2019〕12号）进一步强调：按照专业设置与产业需求对接、课程内容与职业标准对接、教学过程与生产过程对接的要求，校企共同研制高水平的现代学徒制专业教学标准、课程标准、实训条件建设标准等相关标准，做好落地实施工作。现代学徒制专业教学标准建设，必须坚持"能力衔接、系统培养"的指导思想，"育训结合、质量为上"的育人原则，体现现代学徒双重身份、双元育人、在岗培养、岗位成才的重要特征，遵循标准化原理，走标准化的建设路径，形成标准化的成果。

一、基本内涵

1. 现代学徒制

什么是现代学徒制？现代学徒制的内涵及特征有哪些？赵鹏飞等认为，现代学徒制是将传统的学徒培训与现代学校教育思想结合的一种企业与学校合作的职业教育制度，是一种新型的职业人才培养实现形式。其鲜明的特征是校企联合双元育人和学生双重身份（学校的学生、企业的学徒）[①]。杜广平认为，现代学徒制是企业本位、基于工作进行学习的职业教育制度，它综合了学历职业教育和在职职业培训的优点，是一种理想的职

---

① 赵鹏飞，陈秀虎."现代学徒制"的实践与思考［J］．中国职业技术教育，2013（12）：38-44．

业教育形式①。陈嵩认为，现代学徒制是学校与企业在人才培养上加强合作，以学校教师与企业师傅共同传授学生知识与技能的一种职业教育模式。其核心是企业招收学生，学生有着准企业员工的身份②。

关晶认为，现代学徒制是一种"行业订立标准、校企共同培养、政府充分保障"的人才培养模式，综合历史比较、国际比较以及通用定义，可以将现代学徒制的核心要素抽象概括为：（1）学习某一技术技能型职业或职业群，并获得相应从业资格；（2）行业领导，企业主导（既表现在责任上，也表现在时间上）；（3）工作本位与学校本位学习相互交替进行且有机联系；（4）学徒与雇主签订培训合同或协议（明确培训目标、内容、职责）；（5）学徒获得报酬（工资与津贴）；（6）一定期限（通常超过一年）；（7）正规教育体系的组织部分；（8）外部法规制度的有力保障③。

综合上述关于现代学徒制概念与内涵的界定，我们可以认为，现代学徒制涵盖职业教育制度与人才培养模式两个维度。现代学徒制是将传统的学徒培训与现代学校教育思想相结合的一种企业与学校合作的职业教育制度，是一种新型的职业人才培养实现形式④。

2. 现代学徒制专业教学标准

职业教育专业教学标准是描述专业教学的内容与学习标准，以及相关课程设置要求的文件，其核心内容是职业能力标准，也可包含普通文化课程与专业课程的内容与学习标准⑤。

现代学徒制专业教学标准是校企双方共同开展现代学徒专业教学的基本文件，是明确培养目标和规格、建构课程体系、组织实施教学、规范教学管理、加强专业建设、开发教材和学习资源的基本依据，是评估教育教学质量和企业人才水平的主要标尺⑥。现代学徒制专业教学标准既要基于专业教学标准展开设计，又要突出标准中的"校企联合培养，学习双重身份"等学徒制元素。

3. 现代学徒制课程标准

课程标准是衔接专业教学标准和教学组织实施的重要指导性文件，是课程内容及教

---

① 杜广平. 我国现代学徒制内涵解析和制度分析［J］. 中国职业技术教育，2014（30）：88-91.
② 陈嵩. 现代学徒制的推进：上海市首批11所中等职业学校的探索［M］. 上海：上海教育出版社，2018：4.
③ 关晶. 职业教育现代学徒制的比较与借鉴［M］. 长沙：湖南师范大学出版社. 2016：207.
④ 赵鹏飞，陈秀虎. "现代学徒制"的实践与思考［J］. 中国职业技术教育，2013（12）：38-44.
⑤ 徐国庆. 国家专业教学标准建设是实现职业教育现代化的基础［J］. 中国职业技术教育，2019（7）：62-66.
⑥ 杜怡萍，赵鹏飞，李海东，等. 现代学徒制专业教学标准建设的实践探索［J］. 中国职业技术教育，2016（31）：75-81.

材开发的依据，也是教学实施及评价的依据。现代学徒制课程标准要在现代学徒制专业教学标准框架的基础上，从课程教学目标、课程内容、资源开发与利用、课程实施条件、教学评价等方面融入学徒元素，真正使校企双方围绕课程标准开展学徒培养、交互训教。

二、指导思想

现代学徒制专业教学标准和课程标准的开发，应贯彻落实《国家职业教育改革实施方案》《教育部办公厅关于全面推进现代学徒制工作的通知》，基于1＋X证书制度试点工作及现代学徒制全面推进工作，在现有专业教学标准的基础上，结合培训评价组织开发的职业技能等级标准，运用专门的方法，根据现代学徒制育人的特征开发而成。一是必须执行国家专业教学标准，国家专业教学标准可通过教育部网站职业教育与成人教育司页面"职业教育国家教学标准体系"专栏查询（网址http://www.moe.gov.cn/s78/A07/zcs_ztzl/2017_zt06/）。二是必须贯彻落实《教育部关于开展现代学徒制试点工作的意见》（教职成〔2014〕9号），以推进产教融合、适应需求、提高质量为目标，坚持"能力衔接、系统培养"的专业建设思想，坚持"育训结合，质量为上"的育人原则，遵循标准化原理，走标准化的建设路径，运用科学方法，开发体现双重身份、双元育人、在岗培养、岗位成才的现代学徒制重要特征的专业教学标准和课程标准。

1. 坚持"能力衔接、系统培养"的指导思想

"能力衔接、系统培养"是职业教育多年来实践探索的总结，是职业教育专业建设和课程改革的基本指导思想。"能力衔接"是指以职业能力为逻辑起点和基本依据，通过不同层级职业能力的衔接，构建对接需求、层次分明、有机衔接的课程体系；"系统培养"是指面向学生的职业生涯，中高职分级培养不同能力层级的技术技能人才。据此，在现代学徒制专业教学标准建设过程中，首先，必须厘清学徒岗位成长路径，遵循人才培养规律，实现中职、高职、本科分级培养。其次，必须将职业能力分析，尤其是学徒岗位能力分析作为重要内容，通过职业能力分析获取现代学徒专业的典型工作任务及能力要求，再将典型工作任务转化为工学一体化的课程体系，实现课程内容与职业标准的有机对接。

2. 体现"双元育人、在岗培养"的育人特征

现代学徒制是"校企合作、工学结合"体现最为深刻的育人模式，学校和企业双方共同培养专业人才，现代学徒制专业教学标准建设必须是学校和企业双主体共同参与的，标准研发的全过程校企必须紧密合作。现代学徒制的学生具有双重身份，既是学校的学生也是企业的学徒，由此，不仅学校和企业都是学生学习的场所，而且学校的教师和企业的师傅共同授课，实行双导师制，所以，有学校课程和企业课程。一般学校课程由学校教师在学校传授，企业课程由企业师傅在企业传授，当然也可以交叉，例如，学校教师可以送教上门，企业导师也可以在学校上课。在课程内容上，除必要的文化基础理论课程外，现代学徒制课程必须基于岗位工作内容，开发培养岗位能力及素养的课程，这

些课程有大量在岗位工作中的学习，实现学徒在岗成才。由此，现代学徒制专业课程体系采取模块化的结构，才能满足学徒在岗培养的灵活性教学要求，为实施学分制奠定基础。

3. 坚持"育训结合、质量为上"的育人原则

"育训结合、质量为上"是实施1+X证书制度试点的总体原则，同时也是现代学徒制专业教学标准和课程标准开发的原则。在开展现代学徒制的专业率先实施"学历证书+若干职业技能等级证书"制度试点，校企共同开发出融职业标准和职业技能等级标准于一体的现代学徒制专业教学标准和课程标准，通过育训结合，学生不仅获得学历证书，同时也获得相应的职业技能等级证书，具备职业所需的综合能力。

4. 遵循"一致同意、简化优化"等标准化原理

标准是为了在一定的范围内获得最佳秩序，经协商一致制定并由公认机构批准，共同使用和重复使用的一种规范性文件[①]。标准体系建设是现代学徒制规范化、科学化发展的重要标志。毋庸置疑，现代学徒制专业教学标准建设必须遵循标准化原理，包括一致同意原理、最优化原理、简化原理、实施价值原理、强制实施原理、选择固定原理、定期更新原理。其中一致同意原理最为根本，实现难度也最大。为此，广东现代学徒制专业教学标准建设建立了"政研校企"四方协同机制，坚持"管、办、评、研"分离的原则：立项、实施、试点工作由广东省教育厅负责；过程组织与指导工作由广东省教育研究院负责；采取竞标方式，由职业院校、合作企业联合成立项目组，共同承担研制工作，广东省教育研究院规定每一环节的目标任务、方法路径及标志性成果，开展专项培训、研制指导、过程监控，组织中期检查及内审会，确保研制过程规范严谨；项目验收评审工作由广东省教育厅组织专家组负责。这样，以项目的方式有机地将标准的相关方组织起来，从机制上保证了现代学徒制专业教学标准建设的标准化。此外，统一标准建设的路径，制定统一的标准文本形式，在过程和形式上保证了现代学徒制专业教学标准建设的标准化。

三、开发原则

1. 校企联合原则

学校和企业是现代学徒制专业教学标准开发的主体，校企双方在标准开发的全过程中紧密合作，是实现双元育人的前提条件。

2. 分级培养原则

现代学徒制的专业教学标准开发首先必须厘清学徒岗位成长路径，遵循人才培养规律，实现中职、高职、本科分级培养。

---

① 王敏华. 标准化教程[M]. 北京：中国计量出版社，2010：22.

3. 能力核心原则

职业能力分析是现代学徒制专业教学标准开发的关键环节，通过职业能力分析获取现代学徒专业的典型工作任务及能力要求，再将典型工作任务转化为工学一体化的课程体系，实现课程内容与职业标准的有机对接。

4. 模块建构原则

现代学徒制专业课程体系采取模块化的结构，才能满足学徒在岗培养的灵活性教学要求，为实施学分制奠定基础。

5. 基础通用原则

标准是共同协商同意并共同遵守的行为规范，因此，专业教学标准具有通用性，通用性也决定了其基础性。由于同一区域内的专业办学必然存在差异，所以专业教学标准不应是最高标准，但也不能是最低标准，应该是基本标准。

6. 书证融通原则

这里的书证指的是学历证书和职业技能等级证书。现代学徒制专业教学标准开发需在相关专业教学标准及行业职业技能等级标准开发的基础上，融合学历证书与职业技能等级证书内含的能力模块，按照书证融通的原则开发专业教学标准及相关的专业技术技能课程标准、学徒岗位培训课程标准。

四、开发路径

现代学徒制专业教学标准开发包括"供需调研—职业能力分析—课程体系建构—标准编制"四个基本环节，如图1-1所示。

1. 供需调研环节

通过调研对每个专业的供给和需求进行对比，供给情况即规模、教师、课程、教学、评价等情况，需求情况即人才需求、能力要求、资格证书要求、岗位变化等情况，从而确定各专业的岗位群及职业生涯发展路径，厘清教学存在的问题和面临的挑战，为后续专业建设工作打下扎实的基础。

2. 职业能力分析环节

针对高职专业所对应的岗位群及其发展路径，尤其是现代学徒岗位，依托行业企业专家开展职业能力分析，借鉴国内外职业能力研究成果，形成专业所对应的职业能力标准，并确定典型工作任务。

3. 课程体系建构环节

以供需调研为基础，以职业能力分析为重要依据，关注学生的认知规律，尤其是职业生涯发展要求，以职业能力培养为目标，将工作领域的典型工作任务和职业能力要求转化为学习领域的课程，使课程与职业能力有机对接，构建专业课程体系。

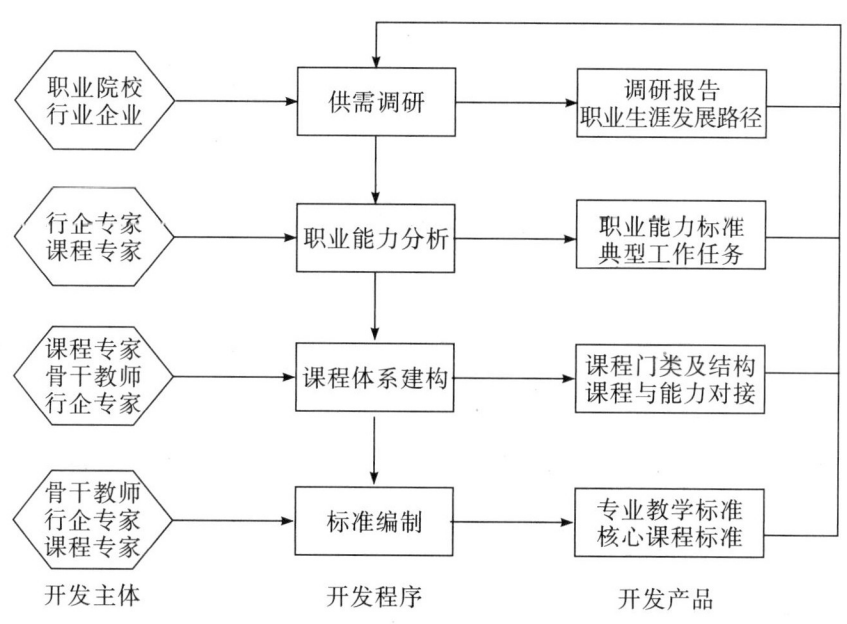

图1-1 现代学徒制专业教学标准和课程标准开发路径

4. 标准编制环节

根据统一的、规范性的文本模板撰写标准,保证各专业教学标准和课程标准形式结构上的一致性。

五、注意事项

1. 对接职业能力标准是教学标准开发的关键

职业院校作为专业人才的供给方,专业人才培养目标指向职业能力,职业能力也是行业企业人才的需求,只有供给满足需求时,才能真正实现职业教育的服务宗旨,可见,职业能力是联系校企的重要纽带。作为专业人才培养基本文件的专业教学标准,其人才培养目标定位、人才规格以及课程体系,必须以职业能力为基本依据和逻辑起点。现代学徒制是一种鲜明的校企双主体人才培养制度和人才培养模式,其专业教学标准和课程标准的开发更要对接职业能力标准。职业能力要求蕴含在职业标准之中,职业标准有国家标准、行业标准、企业标准等。对特定岗位或岗位群中职业能力的条目化、系统化、精确化描述与制度化规定,就成为职业能力标准。因此,专业教学标准和课程标准开发的关键是确定专业所对应的职业能力标准,然后确保课程内容与职业能力标准真正对接。

2. 广泛调研是教学标准开发的基础

一致同意原理要求标准的制定必须建立在全体协商一致的基础上,应该通过相关各方的相互协作来推动标准建设工作。最优化原理告诉我们标准化活动涉及的系统日益复杂和庞大,标准化方案只能是最优化的。因此,必须要注重调研的广泛性、代表性,注重多主体的协商，注重科学方法的运用。标准建设不能一所职业院校或一家行业企业"单打独斗"，必须调查区域内开设同一专业的职业院校以及相关联的行业企业的要求。在调研过程中，要注重将定量分析与定性分析相结合。现代学徒制的专业教学标准建设是一个最优化方案的制订过程，其每一环节必须有赖于科学方法的运用。例如，在供需调研环节，应综合运用文献研究、问卷调查、访谈座谈、统计分析、个案分析等多种方法，才能整体反映情况，才能提高标准的信度和效度。

3. 共同协商是教学标准质量的根本保证

校企联合组成的开发团队必须全过程参与。首先，项目组内部多主体密切沟通，在沟通中协同合作，在协同中推动标准建设；其次，开展培训，达成共识，使得标准建设在思想、路径、方法等方面保持一致；最后，标准建设的每一环节必须邀请关联方的代表参与，如前述的课程体系建构就是校企专家共同参与协商的。

4. 融合专业教学标准与职业技能等级标准是教学标准开发的前提

《教育部办公厅关于全面推进现代学徒制工作的通知》（教职成厅函〔2019〕12号）强调：在开展现代学徒制的专业率先实施"学历证书＋若干职业技能等级证书"制度试点，这表明现代学徒制专业要率先依托培训评价组织开发职业技能等级标准与证书，率先融通学历证书与职业技能等级证书。从这个意义上说，融合职业标准与职业技能等级标准是现代学徒制专业教学标准开发的前提，融通相关专业学历证书与职业技能等级证书是现代学徒制实施的前提。

第二章 现代学徒制专业教学标准和课程标准开发方法

现代学徒制专业教学标准和课程标准开发围绕"供需调研—职业能力分析—课程体系建构—标准编制"四个基本环节开展,为了确保每个环节的研制质量以及各环节间形成鲜明的逻辑关系,必须运用科学的方法。如可以采用"分环节、定目标、解能力、转课程"的系列开发方法,其中,"分环节"是将标准研制分为供需调研、职业能力分析、课程体系建构、标准编制四个环节;"定目标"是在明确专业对应的目标岗位基础上,运用职业生涯发展路径分析法、人才培养目标层次定位法,确定中高职不同层次人才培养目标;"解能力"是针对专业对应的目标岗位,运用"二维四步五解"等职业能力分析法,以典型工作任务为载体,从专业能力和职业素养两个维度解析专业对应的能力要求;"转课程"是运用典型工作任务到课程转换法,将中高职不同层级的典型工作任务及能力要求转化为中高职分层的课程体系。

一、供需调研环节

(一)供需调研的基本要求

1. 调研目的

(1)了解人才需求的情况及要求。

(2)了解生源状况,对比现代学徒制不同生源情况及要求。

(3)了解现行校企人才培养定位及教学中存在的问题。

2. 调研内容

(1)相关行业发展现状、行业文化和职业道德素养状况。

(2)企业岗位设置和对人才结构类型的要求,以及对现行专业教学的要求与建议。

(3)相关企业技术变化、运营方式变化、劳动组织变化等导致的专业培养目标变化及要求,以及岗位职业能力的变化情况,包括专业能力和职业素养。

(4)学校现行专业教学计划的实施情况、学校生源状况、毕业生的就业去向以及继续学习的要求。

(5)毕业生的就业岗位群及发展,以及对本专业课程设置、职业技能训练等教学过程与效果的意见和建议。

3．调研范围

行业、企业，中职学校、高职院校。

4．调研方法

文献研究法、访谈法（座谈法、头脑风暴法）、问卷调查法、统计分析法、个案分析法等。

5．调研工具

根据调研目的及内容，针对不同对象，设计访谈提纲、调查问卷。可参考《中高职衔接标准建设新视野：从需求到供给》等资料。

6．调研要求

（1）文献研究：搜集、整理、提炼国内外专业（课程）建设以及职业发展资料（论文、著作、职业要求等）。

（2）企业调研：问卷调查或访谈与毕业生就业相关的行业、企业，至少30家。

（3）学校调研：

①个案分析或座谈了解职业院校现行专业教学计划的实施情况，区域内至少10个相关职业院校。

②问卷调查职业院校学生生源状况、学习状况及继续学习的要求，职业院校各年级学生至少50人。

（4）毕业生调研：近5年内毕业生问卷调查（访谈），各年毕业生至少50人。

7．时间安排

开展调查、搜集资料、整理分析和完成调研报告的时间为3~6个月。

8．预期成果

（1）形成专业建设调研报告。

（2）确定专业的目标岗位及职业生涯路径。

（3）积累调研资料（文献综述，访谈、座谈记录，调查问卷，各层次人才培养方案、专业教学标准等），为后续研究提供依据。

（二）调研报告参考模板

高职（中职）现代学徒制×××专业教学标准研制调研报告

（10 000~15 000 字）

一、前言（1 000~2 000 字）

（一）调研背景分析

分析国家经济发展大背景、职业教育领域背景、本区域行业企业现状及发展状况、本专业的职业教育发展情况，明确专业定位和专业内涵。在相关领域行业企业现状分析基础上，适当突出现代学徒制合作企业现状、特点、未来发展趋势及用人需求，形成点面结合。

（二）调研内容及意义

本专业所对应的产业结构发展现状及未来发展趋势，本区域经济建设与社会发展对本专业人才的需求状况。

二、调研基本情况（约1 000字）

（一）调研组织方法

调研采取的方式、方法以及组织过程。

（二）调研样本分布

说明各种调研方法采集的样本情况，论述其代表性。

三、调研资料分析（6 000～7 000字）

采用定性分析与定量分析相结合的方法，对资料进行分析和数据整理。

（一）行业现状和人才需求情况

包括行业领域的国家政策、行业企业的规范要求等，本专业毕业生胜任的岗位、岗位能力要求、职业标准等。在以上分析的基础上，现代学徒制项目可适当突出合作企业的岗位规范要求、岗位能力要求、职业技术标准等，也可对相关企业开展现代学徒制的认识及意愿度进行分析。

（二）职业岗位（群）的情况

一般岗位及现代学徒岗位对学生的职业素质和能力要求，包括职业道德和行为态度、文化素质和专业知识、职业技能和职业能力以及身心健康等方面的要求，典型工作任务分析等。

（三）职业资格和行业规范要求情况

搜集与本专业培养方向有关的职业资格证书、技能等级证书等，行业企业对这些证书的认可度，国家职业资格证书对职业知识与技能的要求，行业主管部门发布的技术规范。突出现代学徒岗位中企业所特别要求的职业资格证书及其作用，以及相关的岗位技术规范。

（四）职业院校课程设置情况

明确职业院校人才培养目标定位、课程体系结构，中等职业学校、高等职业院校以及培训机构相关专业课程建设情况、实训室条件、师资队伍建设、教学评价、教学管理等。现代学徒制项目可适当分析针对学徒的岗位课程设置，包括课程的教学组织形式，校企联合授课及课程开发方式，课程学分及学时的设置，双导师资格认证及管理，课程考核方式与评价，等等。

（五）学生学习状况

进行两个方面的比较分析：一是基于不同生源学生的现代学徒制教学形式及学习状况的差异分析；二是同一专业内现代学徒制班与非现代学徒制班在教学、课程设置、学生学习兴趣、学习效果等方面的对比分析。

（六）本专业毕业生就业情况

近5年来本专业毕业生就业的工作岗位状况，形成分学段、分就业年限的毕业生就业岗位分布饼形结构图，为职业生涯发展路径的形成以及目标岗位的明确打下基础。重点分析现代学徒制的对口企业学生就业情况，或近几年现代学徒岗位员工的职业发展情况，明晰适合现代学徒制的学徒岗位在学生职业生涯发展路径中的位置。

四、调研结论（1 000~2 000字）

（1）通过综合分析调研资料，紧密结合专业教学标准的结构内容、现代职业教学体系各学历层次的衔接贯通、满足行业未来需求的人才培养发展方向等，得出相关结论。如人才需求（规模和发展方向）、培养目标及人才规格、课程体系、教学安排、实训条件、师资队伍、教学模式、考核评价等，结论与调查必须有逻辑关系，不能"两张皮"。

（2）必须有该专业的毕业生职业生涯发展路径表，并对该表进行文字说明，尤其要写出所研究学段的目标岗位，各学段的目标岗位必须要有区分度，不能高度重叠。

职业生涯发展路径基本格式见表1-1：

表1-1 ××××专业职业生涯发展路径（参考格式）

发展阶段	就业岗位			学历层次	发展年限		
	操作岗位	技术岗位	管理岗位		中职	高职	本科
…							
Ⅴ							
Ⅳ							
Ⅲ							
Ⅱ							
Ⅰ							

注：①"发展阶段"应依据国家、行业企业的有关规定以及调查分析确定，将职业发展分为若干个阶段，阶段数量因各专业的具体情况而不同。

②"就业岗位"的分类仅供参考，各专业可以自行分类。

③"学历层次"只是要明确中职、高职、本科对应的层次。

④在职业生涯发展路径中标示现代学徒制的目标岗位。

⑤可用添加单元格底纹与表注的方式标示各学段的目标岗位。

五、对策与建议（1 000~3 000字）

根据调研的结论，结合调研的目的，以及目前职业院校的教学现状，特别是存在的问题，提出对策与建议，要针对性强，具有可操作性。例如，可从满足人才需求（规模、发展方向、前瞻性）、现代学徒制实施的体制机制、培养目标及人才规格、课程体系建设、课程内容开发、教学管理、实训基地建设、师资队伍建设、教学模式改革、考核评价机制建立等提出可行性对策建议，使得研究报告形成严谨的逻辑关系。如何提高学生、家长对于现代学徒制的兴趣，企业与学校联合开发课程、共同实施教学的困难如何解决等。

（执笔人：不超过3人，必须包含校企双方人员）

六、参考文献

按规范的格式列示参考文献。

七、附录

本次调查的人员名单等，包括姓名、工作单位、完成调研工作量和内容。

（三）职业生涯发展路径分析法

职业生涯发展路径是指专业培养的毕业生所面向的工作岗位群及其发展的岗位群，包括就业岗位、发展岗位和目标岗位。就业岗位指毕业时的初次就业岗位，如会计专业的毕业生初次就业岗位是文员、出纳员、收银员等。发展岗位则是该专业毕业生经过一段时期实践后能够升迁到的岗位，如会计专业的毕业生经过1~3年后，能够在会计核算岗位甚至会计主管、财务经理岗位工作，会计核算岗位、会计主管、财务经理就是发展岗位。目标岗位是指中职或高职专业人才培养定位的岗位群。由于职业教育的毕业生一般是从初级岗位干起的，受其受教育的程度、个人能力等多方面因素的影响，发展速度不一，一般以3~5年的就业岗位作为该专业的目标岗位，例如中职层次的会计专业目标岗位群包括文员、出纳员、收银员、仓管员、会计，高职层次的会计专业目标岗位群包括文员、出纳员、会计、审计。①

1. 职业生涯发展路径分析法的作用

供需调研的重点是要确定专业的职业生涯发展路径。职业生涯发展路径分析法是通过企业及毕业生调查，确定中职、高职对应的岗位群及能力层级，区分出中职、高职人才培养目标岗位。例如：医学美容技术专业借鉴职业资历框架的思想，将职业生涯发展路径发展阶段分为6级（见表1-2），中职主要面向第Ⅰ、Ⅱ级见美容导师、初级美容师、导诊/导医、导购、美容导师、中级美容师、咨询助理、护理师/美容师、销售主管等岗位，高职主要面向第Ⅲ、Ⅳ级的培训讲师/顾问、店长助理、高级美容师、网络及电话咨询、护理师/美容师、销售经理、见习总监、店长、技术主管、电话咨询、医助技师、客服经理等岗位，其中"*"为校企联合开展的现代学徒制培养的目标岗位。运用职业生涯发展路径分析法，通过岗位分层、能力分级，可以解决职业教育培养目标及各层次教育定位不清的问题。

---

① 杜怡萍，李海东. 中高职衔接标准建设新视野：从能力到课程 [M]. 广州：广东高等教育出版社，2015：34.

表1-2 医学美容技术专业职业生涯发展路径

发展阶段	学徒岗位	就业岗位						学历层次	一般发展年限	
		美容保健服务行业			医疗卫生行业				中职	高职
		销售岗位	管理岗位	技术岗位	销售岗位	技术岗位	服务岗位			
Ⅵ	—	品牌总监	区域经理	技术总经理	咨询组长	运营经理	会员总监	高职	10年以上	8年以上
Ⅴ	—	市场总监	会所经理	技术总监	现场咨询	医助主管/组长	会员副总监	高职	8~10年	5~8年
Ⅳ	店长/技术主管	见习总监	*店长	*技术主管	电话咨询	医助技师	客服经理	高职	5~8年	3~5年
Ⅲ	培训讲师/美容顾问	*培训讲师/*美容顾问	店长助理	美容师（高）	网络咨询	护理师/美容师	销售经理	高职	3~5年	2~3年
Ⅱ	美容导师	*美容导师	—	美容师（中）	咨询助理	护理师/美容师	销售主管	高职中职	2~3年	1~2年
Ⅰ	—	见习美容导师	—	美容师（初）	导诊/导医		导购	中职	1~2年	6~12个月

注：①"发展阶段"是将职业发展分为若干个阶段，每一阶段发展年限因各企业的具体情况而不同，上表发展年限为行业企业调研获得，供参考。

②"就业岗位"的分类仅供参考。

③"学历层次"只明确中高职对应的层次。

④"*"为高职现代学徒制的目标岗位。

再如，应用电子技术专业借鉴职业资历框架的思想，将职业生涯发展路径分为6级（见表1-3），中职主要面向第Ⅰ、Ⅱ级技能工、检验员、物料员等岗位，高职主要面向第Ⅱ、Ⅲ、Ⅳ级的助理师、技术员、工艺员、高级检验员、线长、工程师等岗位，本科主要面向第Ⅳ、Ⅴ、Ⅶ级的技术总监、资深工程师、主任工程师、制造部门经理等岗位。通过岗位分层、能力分级，既可以解决职业教育培养目标及各层次教育定位不清的问题，又可以明晰中职、高职、本科对应的目标岗位与初、中、高三个层级的职业技能等级证书对接关系，便于培训评价组织针对就业目标岗位有效开发不同层级的职业技能等级证书。

表1-3 应用电子技术专业职业生涯发展路径

发展阶段	学徒岗位	就业岗位					学历层次	一般发展年限	
		产品开发	过程开发	测调校验	运营管控	生产管理		高职	现代学徒制
Ⅵ	技术总监、部门经理	资深工程师	资深工程师	资深工程师	总经理	总经理	本科	13年以上	12年以上
Ⅴ		主任工程师	主任工程师	主任工程师	主管/经理	制造部门经理	高职/本科		
Ⅳ	工程师、主管	工程师	工程师	QE/QMS/计量工程师	生控员/采购员	车间主管	高职/本科	8~13	6~12
Ⅲ	助理师、拉长、班组长	助理师	*工艺员/PE	高级检验员	排产员/跟单员	*线长	中职/高职	3~8	2~6
Ⅱ	技术员	技术员	*技术员	检验员	物料员/仓管员	*班组长	中职/高职	1~3	0~2
Ⅰ		—	技能工	技能工	技能工	技能工	中职	0~1	—

注:"*"为高职现代学徒制的目标岗位

2. 职业生涯发展路径分析法的步骤

(1) 分析和确定职业生涯发展路径。一般而言,确定就业岗位、发展岗位及目标岗位的方法主要有下面几种。

①访谈或座谈法。向行业企业专家访谈,或召开行业企业专家座谈会,请他们根据经验提出某专业毕业生从事的岗位及其发展路径,通过对企业专家观点的汇总,清晰、明了地列出本专业可能面向的岗位,如图1-2所示为医学美容技术专业毕业生职业生涯发展一般路径。

②调查统计法。在毕业生的调查问卷中设计两个选择题,如:

(1) 你毕业的时间_____。
A.1年以下　　B. 1年　　C. 2年　　D. 3年　　E. 其他_____。
(2) 目前你在单位的工作岗位是_____。
A. ×××　　B. ×××　　C. ×××　　…　　G. 其他_____

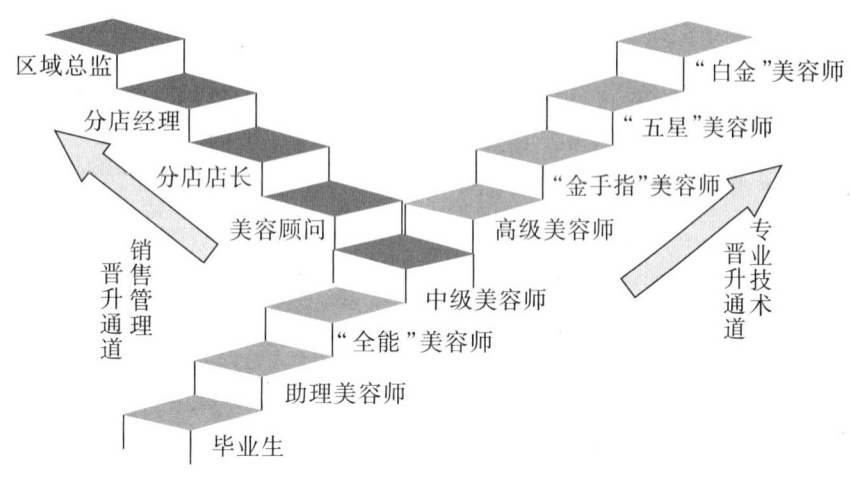

图 1-2 医学美容技术专业学生职业生涯发展一般路径

调查某专业不同时间的毕业生，就可以统计出该专业的不同时间毕业生目前所在的岗位及其比重。这样既可反映就业岗位，又可反映发展岗位，以及各岗位的结构比重，图 1-3 所示为医学美容技术专业毕业生就业岗位群，图 1-4 所示为应用电子技术专业毕业生就业岗位群。

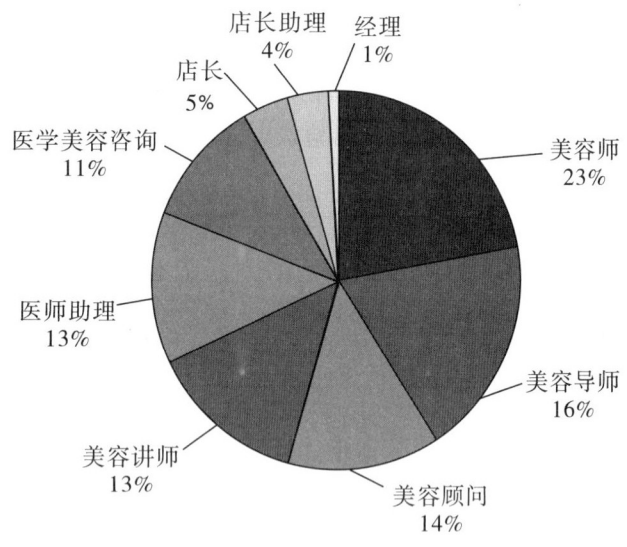

图 1-3 医学美容技术专业毕业生就业岗位群

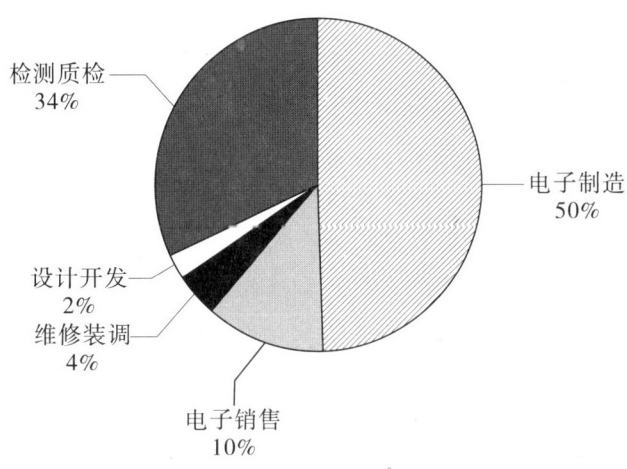

图1-4 应用电子技术专业毕业生就业岗位群

（2）职业岗位群的梳理。通过调查可以获得关于专业所对应职业岗位群的众多信息，必须运用分析与综合的方法对职业岗位群进行梳理。根据专业的发展理念，在以上调查分析的基础上，最终筛选出专业所应面向的岗位，从而判断出专业面向的目标岗位。由于不同企业的岗位划分标准不一，有粗有细，这给职业岗位群的提炼带来了困难。对岗位群进行提炼的做法有4步：第一，将所有职业岗位群汇集；第二，对众多的岗位群进行分类、归并；第三，根据企业中的升迁发展路径，将岗位分层、分级；第四，绘制职业生涯发展路径表格。借鉴国内外职业资历框架的表现方式，为了能清晰地反映某一岗位的职业岗位群及其升迁路径，我们设计了职业生涯发展路径的通用参考表格，如前表1-1所示。

职业生涯发展路径，可以清晰地反映某一专业的职业发展层级及其就业岗位群，还可以确定不同的职业教育层次所对应的职业发展层级和目标岗位群，这不仅可以准确定位各层次职业教育的培养目标，而且为职业能力分析打下了坚实基础，提供了重要依据。

（四）人才培养目标层次定位法

职业教育专业培养目标蕴含着人才规格和质量标准，反映专业的本质特征和内在要求，科学合理地定位培养目标是职业教育教学活动的起始点。运用人才培养目标层次定位法明确中高职不同层次专业人才培养的能力要求，围绕立德树人，从就业领域、目标岗位、职业能力三方面描述专业人才培养目标[1]。中高职人才培养目标既分级又衔接，定位更加准确。例如数控技术专业，除应具备安全环保、团队协作等职业素养外，中职毕业生应具备机床操作、计算机辅助绘图、质量检验等基础的专业能力，高职毕业生应具备计算机辅助设计与制造、工艺制定、生产与质量管理等进阶的专业能力。对于现代学

---

[1] 杜怡萍. 中高职衔接专业培养目标的定位研究 [J]. 中国职业技术教育，2014（32）：56-60.

徒制专业人才培养目标也应该从就业领域、目标岗位、职业能力三方面描述，既要与普通高（中）职学历教育保持一致，又要突出现代学徒制特征，一般现代学徒制的目标岗位要略高于普通高（中）职教育目标岗位。

例1：医学美容专业坚持立德树人，培养与我国社会主义现代化建设要求相适应，德、智、体、美、劳全面发展，面向美容保健及医疗美容领域，既能从事美容技术操作、营销等岗位工作，又能胜任高端美容技术及管理岗位，具有良好的职业形象、服务意识、团队合作精神及专业沟通能力；具备分析美容保健问题，设计个性化解决方案，实施美容保健技术服务，营销策划及培训指导等职业能力，在服务、营销、培训、管理第一线的发展型、复合型和创新型的技术技能人才。

例2：应用电子技术专业坚持立德树人，培养与我国社会主义现代化建设要求相适应，德、智、体、美、劳全面发展，面向电子信息产品研发制造行业，既能从事产品开发、生产管理、过程开发、调测校验及运营管控等工作，又能胜任 SMT 技术员、生产工艺员、班组长及拉长等学徒岗位工作，具备熟练掌握电子专业基础知识、现代电子产品生产工艺技术、质量认证体系，能够操控和维护现代电子产品生产加工设备，具有单片机应用开发技术及 PCB 板设计与绘制技能，具有良好的科学文化素养、职业道德及创新意识的发展型、复合型和创新型的技术技能人才。

二、职业能力分析环节

职业能力是指人们从事一门或若干相近职业必备的本领，以及在工作生活中所表现出的科学思维和为人处事的态度，又称为"综合职业能力"。我国职业教育培养的是高素质劳动者和技能型人才，其核心就是要培养学生的综合职业能力。确定和表达专业所对应的职业能力，是职业院校进行专业设置、专业建设、课程开发以及课程实施与评价的基础和关键。因此，运用科学的职业能力分析方法显得尤为重要。国外有不少职业能力分析法，如北美的 DACUM 分析法（Develop A Curriculum）、德国的 BAG 分析法（Berufliche Arbeitsaufgaben）、英国的功能分析法（Functional Analysis）、澳大利亚的技术领域分析法。广东省在借鉴国外职业能力分析方法中，探索出了一套较为规范、操作性强、行之有效的职业能力分析方法，即"二维四步五解"职业能力分析法[①]。

（一）职业能力分析方法的共性

1. 职业能力分析的主体是行业企业专家

不同的职业能力分析方法对分析主体有不同的称谓，如行业企业专家、企业实践专家、优秀的工作人员、雇主、技术人员等，可见，尽管称谓不同，但其共同点是职业能力必须源自于行业企业对人才要求的客观反映，而不是职业教育教师自我的主观臆断。

---

① 杜怡萍．"二维四步五解"职业能力分析法的实践探索[J]．职教论坛，2015（9）：8-14．

2. 描述职业能力的结构性表格

能力是直接影响活动的效率和能否使活动顺利进行的个性心理特征，它虽然是一种内化的个体品质，但能够在相关的职业活动中得到外化，是在现实的职业工作中体现出来的知识、技能和态度的整合。各种职业能力分析法都会通过职业活动这一能力外化的载体来描述职业能力，并运用职业能力图表反映职业能力。各种职业能力分析法的图表结构略有不同，如 DACUM 分析法的职业能力图表由岗位名称、能力领域、单项能力和能力评定等级四项内容构成；BAG 分析法的职业能力图表由发展阶段、代表性工作任务及其对象、工具、方法、组织、要求组成；功能分析法的职业能力图表由主要目标、主要功能、可能的标准组成；技术领域分析法的职业能力图表由技术领域、能力领域、能力单元、能力要素、行为标准组成。

3. 多种获取职业能力的渠道

一般用头脑风暴法、查阅资料、咨询专家和参观企业等方法途径获取职业能力，其中运用头脑风暴法召开职业能力分析会是重要的途径。通过职业能力分析会确定职业能力的基本结构框架，再通过文献法、咨询法等途径不断丰富和完善职业能力，这样获得的职业能力更为准确、完整。

（二）"二维四步五解"职业能力分析法

1. 基本内涵

"二维四步五解"职业能力分析法（见图 1-5）是以行业企业专家为分析主体，从专业能力和职业素养两个维度，通过确定专业对接的职业岗位、职业岗位细分为工作项目、工作项目细分为工作任务、工作任务细分为职业能力四个步骤，再从技能、工具、方法、要求、知识五个方面分析完成工作任务应具备的专业能力，从沟通交流、数字应用、革新创新、自主学习、团队合作、解决问题、信息处理、责任（安全）意识、外语应用、其他十个方面分析职业素养。

2. 职业能力分析表

根据"二维四步五解"职业能力分析法的内涵，设计了专门的分析工具，如表 1-4 汽车运用技术专业职业能力分析表（节选）所示。

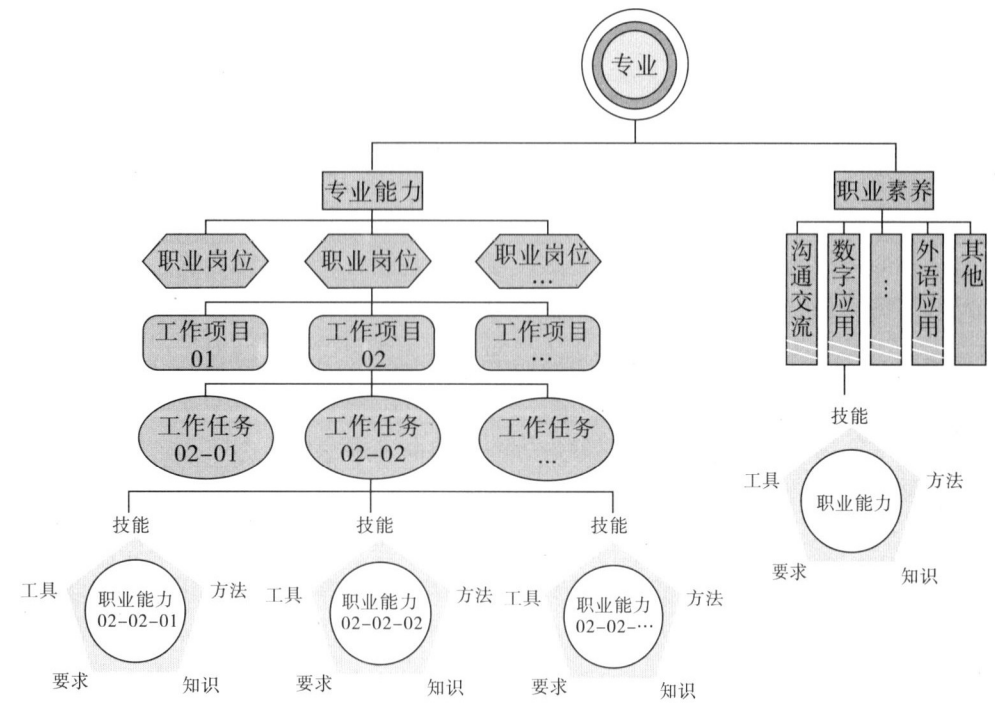

图1-5 "二维四步五解"职业能力分析法

表1-4 汽车运用技术专业职业能力分析表(节选)

工作项目/ 职业素养	工作任务/ 职业素养项目	职业能力 (技能、工具、方法、要求、知识)		能力要求	
				中职 L_i	高职 L_j
20 汽车外部美容	20-01 工具及设备的选用	20-01-01	正确、有效使用常见的车身清洁工具	L1	
		20-01-02	正确选择车身清洗剂	L1	
		20-01-03	正确选择车身美容常见的除锈、刮涂、打磨、喷涂、防涂遮蔽等专用工具	L1	
	20-02 车身清洗	20-02-01	使用高压水枪进行全车外部冲洗大块泥沙	L1	
		…	……		
		20-02-04	玻璃清洁、防雾处理、加装防冻清洁剂	L1	
	20-03 车身漆面开蜡和打蜡	20-03-01	分清常用物料(一般车蜡、清洁剂)	L1	
		…	……		
		20-03-07	使用一般打蜡器材功用及操作守则	L1	
	20-04 研磨抛光	20-04-01	正确辨别车身漆面划痕及漆面状况	L1	
		20-04-02	根据漆面情况,选择合适的抛光盘和抛光剂	L1	
		20-04-03	正确操控抛光机对漆面进行抛光处理	L1	
	20-05 车身漆面护理	20-05-01	使用中性洗车液清洗全车漆面	L1	
		…	……	…	
		20-05-05	无尘打磨处理	L1	

续上表

工作项目/ 职业素养	工作任务/ 职业素养项目		职业能力 （技能、工具、方法、要求、知识）		能力要求	
					中职 L_i	高职 L_j
…	…	…	……	…	……	…	…
75	职业素养	75-01	沟通交流	75-01-01	明白上级意图	L3	L3
				75-01-02	认真听取客户诉求	L3	L3
				75-01-03	能及时准确传达客户要求到相关部门	L3	L3
				75-01-04	良好的沟通能力，善于发现问题，表达清晰	L3	L3
				75-01-05	掌握沟通技巧（5S、2W、封闭式提问、引导式提问）	L3	L3
				75-01-06	遇到问题及时反馈	L3	L3
				75-01-07	能够与同事沟通，增强信任感	L3	L3
		…	……	…	……	…	…
		75-8	责任（安全）意识	75-08-01	安全防护意识	L3	L3
				75-08-02	注意驾驶安全	L3	L3
				75-08-03	能够使用防护工具	L3	L3
				75-08-04	消防安全	L3	L3
				75-08-05	"三废"处理	L3	L3
				75-08-06	知道危险品处理方法	L3	L3
				75-08-07	轻取、轻放物品	L3	L3
				75-08-08	正确使用维修设备	L3	L3
		…	……	…	……	…	…
		75-11	吃苦耐劳	75-11-01	有牺牲精神（时间、精力）	L3	L3
				75-11-02	能够接受加班	L3	L3
				75-11-03	任劳任怨、不怕辛劳	L3	L3
				75-11-04	忍得住寂寞	L3	L3
				75-11-05	爱岗敬业	L3	L3
		…	……	…	……	…	…

3. 职业能力分析步骤

"二维四步五解"职业能力分析方法的分析步骤就是"四步"，即"岗位→工作项目

→工作任务→职业能力（点）"。

第一步，确定专业所对应的职业岗位。一般一个专业每一学历层次对应4~6个职业岗位。这些岗位通过第一环节"供需调研"确定，具体表示在"职业生涯发展路径"中。对于现代学徒制专业的职业能力分析，除分析中职、高职或应用本科学历层次对应的职业岗位之外，必须重点分析与合作企业签订的学徒岗位的职业能力。

第二步，每个职业岗位的工作领域分解成若干个工作项目。"工作项目"指将职业或岗位群所涉及的职业活动，按工作性质、流程或要求分解而成若干工作范畴、范围或领域，一个工作项目应包含完整的工作过程，具有整体性、独立性。一般每个岗位有5个左右工作项目。如表1-4所示，一般采用名词表述"汽车外部美容"。

第三步，将每个工作项目按其工作步骤或内容事项细分成若干工作任务。"工作任务"指某一工作项目的活动环节或事项，是完整工作的局部，具有稳定性、普遍性。一般每个工作项目分为5个左右工作任务。如表1-4所示，一般采用名词表述"工具及设备的选用"、"车身清洗"，当然也可采取动宾结构表述"选用工具及设备的""清洗车身"……

第四步，确定完成某一任务需具备的具体职业能力点。"职业能力（点）"是完成某一工作任务应具备的能力要求，主要完成这一工作任务所需要的技能、工具、方法、要求、知识五方面来剖析。一般每个工作任务分解5个左右职业能力点。

由于能力是一种内化了的个性品质，但其可以在相关的职业活动中得以体现出来，国外的职业能力分析多采用对行为描述的方式来表达能力，通常采用动宾结构表述，其格式为"动词+名词（对象）"的短句，如"能做什么"、"怎么做的"、"做得怎么样"，具有直观性、可测性。如表1-4所示，"分清常用物料"、"根据漆面情况，选择合适抛光盘和抛光剂"、"使用中性洗车液清晰全车漆面"，等等。多使用直接性的行为动词，少使用心智行为的动词。一般不用或少用"掌握什么知识"，而采取用"陈述什么知识"或"辨别什么知识"，这样提高了职业能力的可测性，从而使得内隐的能力实现了外化。

需要特别说明的是职业素养的分析。职业素养作为职业能力的重要组成部分，其与专业能力不同，与具体职业活动不直接相关，具有职业通用性。职业素养不是针对某种具体的职业和岗位，而是指可以迁移和运用到很多职业和岗位的能力，而且，当劳动组织发生变化或者当职业发生变更的时候，这种能力依然存在，可以帮助劳动者重新获得新的知识和新的技能。职业素养的细分，各国不尽相同。基于职业素养的通用性，因此职业素养的分析只需两个步骤，第一步，确定职业素养分类。借鉴各国对职业素养的不同表述，如德国所指的关键能力，英国所指的核心技能或软技能，"二维四步五解"分析法从沟通交流、数字应用、革新创新、自主学习、团队合作、解决问题、信息处理、责任（安全）意识、外语应用、其他十个方面细化职业素养。第二步，对每个职业素养在具体工作中的表现，也是采取动宾结构，从技能、工具、方法、要求、知识五方面剖析为细化的职业能力点。如表1-4所示，"明白上级的意图""能使用防护工具"，等等。这两步与前述"四步"的第三、四步相同。

常采取描述职业能力的直接性的、输出性的动词：

（1）表述认知类动词。

①知道和认识类：陈述、回忆、概述、概括、匹配、界定，等等。

②理解类：推断、解释、辨别、判断、估计、总结，等等。

③迁移类：改变、转换、修改、发展、使用，等等。

④应用类：区分、演绎、推理、评价，等等。

（2）表述执行类动词。

①操作类：操作、采集、配置、标定、使用、挑选，等等。

②程序类：排序、连接、制造、调整、准备、安装，等等。

③理会类：理会、阅读、摘录、寻找，等等。

④解决问题类：计划、设计、排除、估算、计算、选择、布置，等等。

⑤管理组织类：组织、管理、指导、协调、监控，等等。

（3）表述情感类动词。

①接受类：注意、觉察、识别、控制，等等。

②反应类：遵守、服从、参与、愿意，等等。

③价值类：形成、表达、展示、倾向，等等。

④组织类：决定、限定、选择、比较，等等。

⑤个性类：避免、内化、抗拒、处理，等等。

4. 能力要求的学历层次划分

表1－4的"能力要求"的"中职""高职"乃至"本科"，是指某一项职业能力（点）应通过中职层次、高职层次甚至本科层次中的哪个学历层次的学习来达到，换言之，属于"中职"的能力要求，就是中职教育的培养目标及内容；属于"高职"的能力要求，就是高职教育的培养目标和内容。本科依此类推。职业能力分析表的职业能力和学历层次等级划分与职业生涯发展路径的职业岗位和学历层次等级划分是一致的。值得一提的是，职业岗位等级划分和学历层次等级划分本质上两者都依据一套共同的标准即通用等级标准，在国际上的普遍做法，就是资历框架。资历框架是对全社会各类资历分类、分级、认定及衔接的顶层制度设计，也是各种学习成果的兑换工具。目前，我国还没有建立国家层级的资历框架，目前，香港、广东、上海、国家开发大学等建立了区域性的资历框架，其等级和标准值得参考。① 例如，2017年3月，广东省质量技术监督局

---

① 李海东，杜怡萍. 建立我国国家资历框架的思考［J］. 中国职业技术教育，2019（7）：77－80.

批准发布了国内首个资历框架地方标准——《广东终身教育资历框架等级标准》。① 其等级见图 1-6，职业教育的学历层次中职对应第 3 级，高职对应第 4 级，应用本科对应第 5 级，第 3、4、5 级的等级标准见表 1-5，这些等级及标准可作为职业生涯发展路径的职业岗位和学历层次对应、职业能力分析表的职业能力（点）和学历层次对应的重要参考依据。

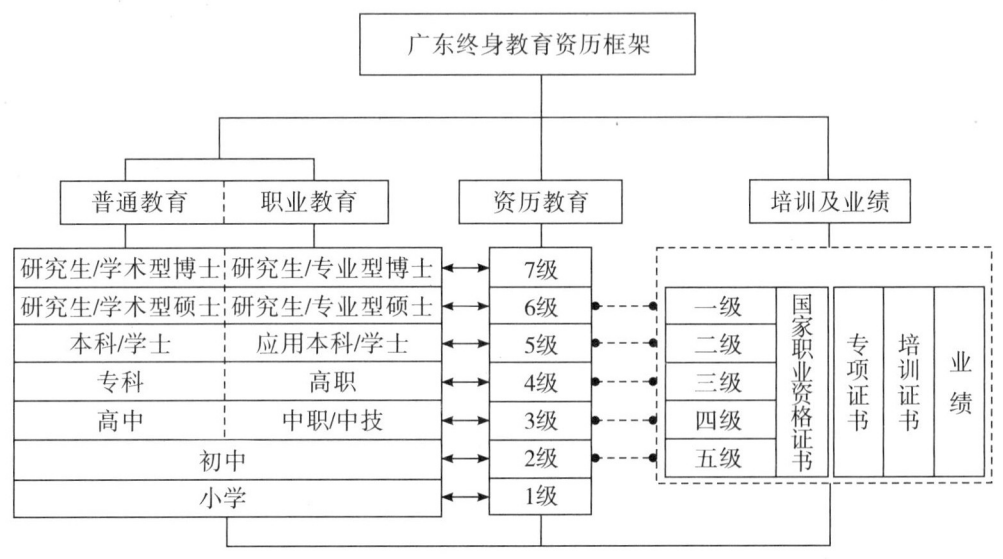

图 1-6　广东终身教育资历框架

表 1-5　《广东终身教育资历框架等级标准》的第 3、4、5 级标准描述

级别	知识	技能	能力
第 3 级	掌握某个工作或学习领域所需要的事实性和理论性知识	具备在某个工作或学习领域中，选择和应用相应的信息、工具和方法，解决具体问题和完成相应任务所需要的技能	能够在变化但可预测的环境中，基于工作和学习的指引进行自我管理，监督他人的常规工作，承担评价和改进工作或学习的有限责任
第 4 级	掌握某个工作或学习领域所需要的综合、专业、理论的知识，并了解知识应用的范围	具有创新性地解决抽象问题的综合的认知和实践技能	能够在不可预测的工作或学习环境中，履行管理和指导的职责，评估和改进自己和他人工作或学习的表现

---

① 广东省质量技术监督局. 广东终身教育资历框架等级标准［EB/OL］. 广东省地方标准 DB44/T1988—2017, 2017（3）.

续上表

级别	知识	技能	能力
第5级	掌握某个工作或学习领域所需要的高层次知识，对理论和原理进行批判性理解	具有在某个专业的工作或学习领域中，创新性地解决复杂和不可预测问题的高级技能	能够在不可预测的工作或学习环境中，管理复杂的技术或专业项目，承担管理个人和团队专业发展及做出决策的职责

以上是"二维四步五解"职业能力分析法的基本要求和步骤，获得职业能力信息的渠道有很多，主要是邀请行业企业专家，运用头脑风暴法，召开"行业专家研讨会"，除此之外，还需要与文献研究法、案例研究法、问卷调查法、咨询专家法等结合，通过多种方法的综合运用，才能从多种途径获得职业能力信息，才能丰富职业能力分析图表。

5. 职业能力分析举例

举例1：运用"二维四步五解"职业能力分析法对医学美容技术专业进行职业能力分析。从表1-2可知，中职人才培养的目标岗位为Ⅰ、Ⅱ级，高职人才培养的目标岗位主要为Ⅲ、Ⅳ级，通过现代学徒制培养则可以到达Ⅳ级的店长、技术主管岗位。邀请第Ⅰ～Ⅳ级这些岗位工作的行业企业专家进行头脑风暴，结合美容行业标准及规范，确定了65个工作项目、235项工作任务、856条职业能力以及41条职业素养，形成职业能力标准（节选见表1-5）。行业企业专家再对职业能力标准中最为重要的、出现频率最高的、具有整体性和系统性的工作领域进行整合，确定了认同企业、熟悉项目、服务流程、美容方案制订、产品培训、营销策划、医美服务、仪器操作、客情管理、美容咨询、美加美高端美容等11项典型工作任务，例如，"认同企业"典型工作任务包括01认同企业、02入职培训、04入职培训考核三个工作项目，"美加美高端美容"是顾问、技术主管这两个现代学徒岗位的典型工作任务。这些典型工作任务及职业能力标准是后续课程体系建构、课程内容开发的重要依据。

表1-6 医学美容技术专业职业能力分析表（节选）

工作项目/职业素养	工作任务/职业素养项目		职业能力 （技能、工具、方法、要求、知识）	能力要求	
				中职 L_i	高职 L_j
...	......		......	......	...	...
06	06-01	迎接引导顾客	06-01-01	顾问处接单，办理产品材料领用手续	L1	L1
			06-01-02	与顾问交接顾客（面带微笑、标准话术问候）	L1	L1

（项目流程服务）

25

续上表

工作项目/职业素养	工作任务/职业素养项目		职业能力（技能、工具、方法、要求、知识）		能力要求	
					中职 L_i	高职 L_j
…	…	…	…	…	…	…
06	06-01	迎接引导顾客	06-01-03	引领顾客到美容房内沐浴、更衣	L1	L1
			06-01-04	等待顾客沐浴时间，与顾问再次进行详细交接（客户需求、销售方向）	L1	L3
项目流程服务	06-02	环境用物准备	…	…	…	…
	06-03	项目流程操作	…	…	…	…
	06-04	服务后整理				
	06-05	填写工作单				
…	…	…	…	…	…	…
	…	…	…	…	…	…
48	48-02	仪容仪表整理	48-02-01	化淡妆、随时进行补妆、头发按要求梳理	L1	L1
			48-02-02	工衣穿戴整洁、无异味	L1	L1
			48-02-03	工鞋整洁无异味	L1	L1
职业素养			48-02-04	佩戴工牌	L1	L1
			48-02-05	举止端庄大方	L1	L1
			48-02-06	保持微笑面容、阳光开朗	L1	L1
			48-02-07	谈吐文雅、表述清晰	L1	L1
	…	…	…	…	…	…

举例2：运用"二维四步五解"职业能力分析法对应用电子技术专业进行职业能力分析。从表1-3可知，中职人才培养的目标岗位为Ⅰ、Ⅱ级，高职人才培养的目标岗位主要为Ⅱ、Ⅲ、Ⅳ级，通过现代学徒制培养则可以到达Ⅱ、Ⅲ级的技术员、工艺员、班组长及拉长等岗位。邀请第Ⅰ～Ⅳ级这些岗位工作的行业企业专家进行头脑风暴，结合电子行业标准及规范，确定了43个工作项目、146个工作任务、658条职业能力点以及57条职业素养，形成职业能力标准（节选见表1-6）。行业企业专家再对职业能力标准中最为重要的、出现频率最高的、具有整体性和系统性的工作领域进行整合，确定了开发任务评估、可行性分析、制程异常的分析、工具的设计制作、制程仪器的调试维护、

制程工艺开发、供应商品质管理、产品测试开发、生产准备、装配、生产过程管理等11项典型工作任务,例如,"开发任务评估"典型工作任务包括界定行业技术、界定产品设计的各种技术标准等工作项目,"产品测试开发"是技术员、工艺员等现代学徒岗位的典型工作任务。这些典型工作任务及职业能力标准是后续课程体系建构、课程内容开发的重要依据。

表1-7 应用电子技术专业职业能力分析表(节选)

工作项目/职业素养	工作任务/职业素养项目		职业能力 (技能、工具、方法、要求、知识)	能力要求	
				中职 L_i	高职 L_j
…	……	…	……	…	……	…	…
42	排产	42-01	发出生产指令单	42-01-01	精通ERP软件、OA等常用办公软件	L3	L3
				42-01-02	会看生产计划表	L3	L3
				42-01-03	掌握客户订单	L3	L3
				42-01-04	编制生产指令单	L3	L3
		42-02	跟进物料配送进度	42-02-01	检查车间到料情况	L3	L3
				42-02-02	掌握物料发送情况	L3	L3
		42-03	排产过程中的物料异常处理	42-03-01	精通ERP软件、OA等常用办公软件	L3	L3
				42-03-02	掌握产品的工艺流程	L3	L3
				42-03-03	能与进料检验、仓库、生产车间的沟通协调,及时处理物料异常	L3	L3
				42-03-04	掌握产品的产能、设备、人员情况	L3	L3
43	职业素养	43-01	项目管理	43-01-01	掌握项目管理中的工作流程知识	L3	L3
				43-01-02	理会项目团队的工作目标	L3	L3
				43-01-03	精通项目成本控制技巧		L4
				43-01-04	监控项目执行进度		L4
				43-01-05	准确评估项目完成情况		L4
				43-01-06	分析改善项目成果报告		L4

(三)职业技能等级标准

《国家职业教育改革实施方案》(简称"职教20条")提出:从2019年开始,我国在职业院校、应用型本科高校启动"学历证书+若干职业技能等级证书"制度试点工作。"学历证书+若干职业技能等级证书"制度(简称"1+X证书制度")就是学生在获得学历证书的同时，取得多个职业技能等级证书。学历证书（即"1"）是学制系统内实施学历教育的学校或者其他教育机构，对完成了学制系统内一定教育阶段的学习任务的受教育者所颁发的文凭。职业技能等级证书（即"X"）是职业技能水平的凭证，反映职业活动和个人职业生涯发展所需要的综合能力。[①] 培训评价组织是"X"建设的主体，包括标准开发、教材和学习资源开发、考核站点建设、考核颁证等，对证书质量、声誉负总责。其中职业技能等级标准是职业技能等级证书的重要依据。

根据教育部职业技术教育中心研究所的《职业技能等级标准开发指南（征求意见稿）》[②]（简称"指南"），职业技能等级标准对个体职业技能要求的综合性水平规定，包括职业素养、专业知识和技术技能等方面的要求，一般分为初级、中级、高级，是开展职业技能培训和职业技能等级考核评价的基本依据。根据指南要求以及对已立项的职业技能等级证书所对应的职业技能等级标准分析，可见，职业技能等级标准对接职业标准，聚焦完成某一或多个职业岗位（群）关键工作领域的典型工作任务所需要的职业技能，职业技能应体现工作任务的内容，其开发要以工作任务分析为前提，避免传统的学科知识分析。某一职业技能领域的工作任务分析包括三个步骤。其结构如表1-8所示。

表1-8　×××职业技能等级标准

工作领域	工作任务	职业技能要求

第一步：分析工作领域。将岗位或岗位群所涉及的职业活动，按工作性质和要求分解成若干个工作领域。每个等级的工作领域一般应不少于3个。表述采取"名词+动词"的短语形式，如"静态网站搭建""照护计划制定"等。通常采用的动词有：（1）基本操作类。如：操作、采集、配置、标定、使用、挑选、估算、计算等。（2）调试维护类。如：连接、调整、调试、维护、安装等。（3）资料处理类。如：阅读、摘录、寻找、编制、分析等。（4）问题解决类。如：设计、诊断、排除、选择、布置等。（5）管理组织类。如：计划、组织、管理、指导、协调、监控等。

第二步：分析工作任务。按工作性质与要求，将每个工作领域分解成若干个相对独立且具有典型性的单项任务。每个工作领域的工作任务一般应不少于3项。表述采取"名词+动词"的短语形式，如"动态网页开发""库存成本分析"等。

[①] 国家职业教育改革实施方案[EB/OL]. http://www.gov.cn/zhengce/content/2019-02/13/content_5365341.htm?from=singlemessage&isappinstalled=0,2019-02-13.

[②] 关于《职业技能等级标准开发指南（征求意见稿）》公开征求意见的公告[EB/OL]. https://www.sohu.com/a/377877591_214420,2020-03-02.

第三步：分析职业技能要求。分析完成每项工作任务应具备的职业技能要求。职业技能要求是完成工作任务所需职业素养、专业知识和技术技能的综合体现，每项工作任务的职业技能要求一般以4~6条为宜。职业技能要求一般可从"行为、条件、标准、结果"四个维度进行描述，内容描述不能太笼统、太抽象，如"……表达能力""……沟通能力"等。行为是指完成某一职业活动。如"能制作……""能生产……"条件是指完成某一职业活动应具备的条件。如资料、设备和工具及其使用方法等，包括允许使用和不允许使用的。标准是指完成某一职业活动的质量和等级等要求，包括速度、准确性、质量、经济性和环保性等。结果是指行为的结果，即完成的某一职业活动。如"制作了……""生产了……"

这些能力要求还可以进一步细分为知识、技能、态度（职业素养），基本范式可以演变为表1-9，由于职业素养具有通用性，不必与工作领域一一对应，可以统一反映或单独反映。这一格式在已立项的职业技能等级证书所对应的职业技能等级标准也较为常见。

表1-9　×××职业技能等级标准

工作领域	工作任务	职业技能要求	职业技能	职业知识	职业素养

综上所述，无论是开发专业教学标准的职业能力分析环节，还是开发职业技能等级证书的职业技能等级标准的开发，两者均指向职业能力，均以职业活动的工作任务为载体，表达、呈现能力。不同的是两者分析的范畴不同，职业能力分析表覆盖的是专业所对应的职业岗位群，而职业技能等级标准覆盖的是某一或多个职业岗位群。因此，两者一定存在相同的职业岗位，有部分的职业能力（技能）是会交叉重叠的。

三、课程体系构建环节

（一）课程体系构建会议

现代学徒制专业课程体系构建必须邀请行业企业专家（包括管理人员、企业师傅）以及教育专家（包括课程专家、专业骨干教师）共同参与头脑风暴会议，行业企业专家数约占一半。头脑风暴是一个相互博弈的过程，必须让行业企业专家、教育专家充分表达他们对课程的认识。常常出现的问题是，教育专家容易将知识和技能分割为不同课程，企业专家更重视从岗位需求出发的培训。这两者矛盾调和的根本在于以职业能力标准为逻辑起点和核心，坚持专业技术技能课程以工作领域的典型工作任务转化为学习领域的工学结合课程为主,学徒岗位能力课程以岗位培训课程为主,并与"X"证书的培训课程融合。

现代学徒制专业课程体系构建环节,必须校企专家共同构建课程体系。将源自于行业企业的职业能力要求转化为课程培养的目标和内容,需要教育专家和行业企业专家共同进行思维碰撞,达成共识。课程体系构建的依据有三个:一是对接职业能力标准;二是符合学生的认知规律;三是兼顾职业生涯发展的新知识、新技术,尤其是兼顾"X"的职业技能等级标准。

(二) 典型工作任务到课程的转换法

典型工作任务到课程的转换法,就是在课程体系构建环节将中职、高职对应的典型工作任务及能力要求映射到中职、高职相应的课程中去,构建中高职既分层又衔接的课程体系[①]。例如,数控技术专业基于"操作机床"等3个典型工作任务,制定中职的数控机床操作课程;基于"编制加工程序"等4个典型工作任务,制定高职的数控高级编程与加工课程,两门课能力衔接,内容分层递进,避免了简单重复。将典型工作任务及工作项目转化到学习领域课程的方式有直接转换、组合转换、提炼转换三种,如图1-7所示。

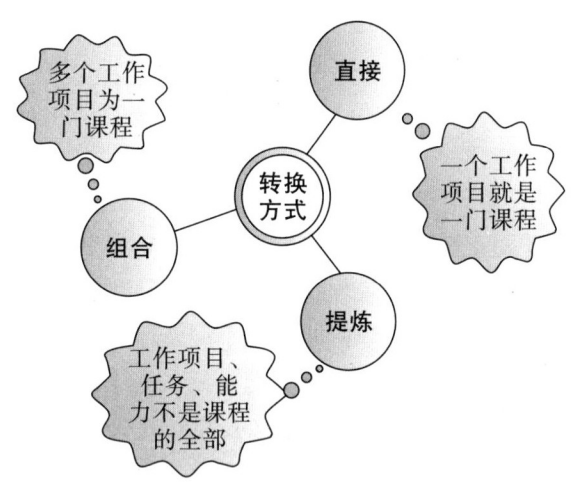

图1-7 典型工作任务到课程的转换法

为了做好与"X"的书证融合,需要将职业技能等级标准与职业能力分析表比照,分析哪些能力在"职业能力分析表"中有,哪些能力没有,对于没有的能力,确定需要补充的"X"培训课程。一般一个"X"附加的培训课程不超过8个学分。

举例:现代学徒制医学美容技术专业的课程体系构建,校企专家基于职业能力标准、学徒岗位能力要求以及学生的认知规律,通过充分讨论,最后达成共识,确定医学美容

---

① 杜怡萍,李海东. 中高职衔接专业教学标准建设新视野:从能力到课程[M]. 广州:广东高等教育出版社,2015:124.

技术专业的课程体系,再运用张贴板法将每一门课程与典型工作任务、工作项目、职业能力及职业素养有机对接起来。如表1-10所示的美容美体技术课程与典型工作任务形成了鲜明的对应关系,实现了课程与能力的有机对接,从而保证了课程内容与职业能力标准的对接。现代学徒制医学美容技术专业课程体系以及课程与典型工作任务的对应关系见表1-11。

表1-10 课程与能力对接表

□中职	□专业技术技能课程	□学徒岗位能力课程
√高职	√专业技术技能课程	□学徒岗位能力课程
课程名称	美容美体技术	
主要教学内容和要求	与美容师、美容技术主管岗位的典型工作任务对接,将国家美容师职业资格证(初、中、高级)考核标准、行业项目标准化服务的考核标准、企业美容美体技术服务与培训标准三标准融合;由手部基本功训练、面部护理、肩颈护理等6个学习项目及若干个学习任务组成,重点培养学生具备运用经络美容基础理论、芳香疗法基础知识指导专业面部护理及身体护理项目操作的实践工作能力	
对接职业能力		
工作项目、任务及职业能力		
代码	内容	
03	熟悉项目及操作流程(头部、面部、胸部……)	
07-03	强化练习:护理手法(动作),按手法步骤、用力方法、速度、技巧要求规范操作	
17	项目技术培训与指导	
04	入职培训考核	
08	学习新技术	

表1-11 现代学徒制医学美容技术专业课程体系

专业技术技能课程		"美加美高端"学徒岗位能力课程	
课程名称	对应的典型工作任务	课程名称	对应的典型工作任务
1. 行业企业认知	企业认知	1. 美加美高端美容	美加美高端美容
2. 店务与运营	服务流程	2. 声光电美容仪器使用与维护	
3. 美容保健方案制定	美容方案制定	3. 美加美方案制定	
4. 美容美体技术	熟悉项目	4. 美加美服务流程	

续上表

专业技术技能课程		"美加美高端"学徒岗位能力课程	
课程名称	对应的典型工作任务	课程名称	对应的典型工作任务
5. 美容仪器应用	仪器操作	5. 危机处理	美加美高端美容
6. 客情管理	客情管理		
7. 美容咨询与沟通	美容咨询		
8. 医美技术服务	医美		
9. 营销实务	营销策划		
10. 中医体质辨识与养生	美容方案制定等		
11. 美容医学基础	熟悉项目等		
12. 化妆品知识	产品培训		
13. 毕业设计			

第二部分
专业教学标准编制

第一章　现代学徒制专业教学标准编写说明

现代学徒制专业教学标准基本框架每一部分编写内容说明如下。

一、专业名称及代码

以《普通高等学校高等职业教育（专科）专业目录（2015 年）》《中等职业学校专业目录（2010 年修订）》及历年增补目录的专业名称及代码为准。

二、招生对象

1. 高职

现代学徒制的招生有多种，包括应、往届高中毕业生（含企业员工），应、往届中职毕业生（含企业员工），中高职衔接转段考核合格的中职学校×××专业等相关专业的正式学籍学生等。对于招收专业对口的中职学生以及企业员工一般学制为二年，其他招生对象的学制为三年。

2. 中职

初中毕业生及同等学力者。

三、基本学制与学历

1. 学制

（1）高职。全日制二年（面向中职相关专业学生、企业员工，即有专业基础及工作经历者）或全日制三年（针对零基础的招生对象）。

（2）中职。全日制三年。

2. 学历

（1）高职。学习合格取得专科学历。

（2）中职。学习合格取得中职教育学历。

四、培养目标（200 字以内）

（一）培养目标表述

培养目标的表述，既要与国家对高职（中职）总体学历教育要求保持一致，又要突出现代学徒制的专业特色，坚持立德树人，一般采取"行业（企业）+岗位+职业能力"的表述形式。培养目标表述为：本专业坚持立德树人，培养与我国社会主义现代化建设要求相适应，德、智、体、美、劳全面发展，面向××××行业（企业），既能从事××××（岗位）工作，又能胜任×××学徒岗位工作，具备××××（专业能力和职业素养）职业能力，以及自主学习能力，在生产、建设、服务、管理第一线的发展型、复合型和创新型的技术技能人才（初/中级高素质劳动者和技能型人才）。

（二）有关用词内涵说明

1. 对于"行业（企业）"

要明确该专业毕业生就业的行业或企业类型。要避免行业（企业）类型的交叉，建议参照我国关于行业、企业分类的国家规定，如《国民经济行业分类》（GB/T 4754—2017）等。

2. 对于"岗位"

是指行业企业中实际存在的岗位。由于各企业的同一岗位内涵的名称不一，应采取通用的、概括性强的岗位名称，可参照2015年版《中华人民共和国职业分类大典》。

3. 对于"职业能力"

每个专业通过职业能力调查与分析，可以确定职业能力。培养目标中的职业能力要根据职业能力的不同分类描述且高度概括。可以从知识、技能、态度三个维度概述，也可从专业能力和职业素养两个维度概述。

4. 各教育层次培养目标的衔接与区分

根据调研，目前中职、高职、本科专业培养目标最大的问题是重叠过多，难以区分。经过研究，目标的衔接与区分有以下3种途径。

（1）就业领域、岗位及发展速度。根据调研，同一专业中职、高职、本科的就业领域及岗位各有不同，或各有侧重；或尽管基本相同，但中职高职本科毕业生的发展速度不同。以学生毕业3年左右的主要就业岗位确定目标定位的岗位群，即目标岗位群。每个专业目标岗位群的岗位数不超过6个。

（2）职业能力水平。不同的岗位及岗位群有不同的职业能力要求，不同岗位的职业能力内容不同，或相同的职业能力但水平层次不同。根据职业能力分析，确定中职、高职本科层次的职业能力范围，进行高度提炼与综合，在培养目标中表达出来。

（3）职业技能等级的层次。以中高职衔接专业为例，中等职业教育主要对应相关专业的初级职业技能等级证书，高等职业教育主要对应相关专业的中级职业技能等级证书。中职、高职培养的技能型人才层次是紧密相连的。每一个中高职衔接的专业，根据其职业生涯发展路径，不仅可以定位中职、高职的岗位群，也可以定位其相应的职业技能等级层次。如中职旅游管理专业学生学习侧重于取得该专业初级层次的职业技能等级证书，即成为初级技能型人才；高职旅游管理专业学生学习侧重于取得该专业中级层次的职业技能等级证书，即成为中级技能型人才，从而进一步明确中高职培养目标的层次性。

（4）其他。各项目组根据专业特点找寻其他衔接与区分的依据，如企业规模、类型等。

五、培养方式（200字以内）

说明学校和企业联合招生、联合培养、一体化育人。体现招生即招工（先招工后招生）、双重身份、双元育人、双导师制、在岗培养、岗位成才、绩效考核、多元评价等现代学徒制的特征。职业院校承担系统的专业知识学习和技能训练的职责；企业通过师傅带徒弟形式，依据培养方案进行岗位技能训练，真正实现校企一体化育人。教学任务必须由学校教师和企业师傅共同承担，形成双导师制。

六、职业面向与接续专业

（一）职业生涯发展路径

以表格的方式列示，以供需调研确定的各专业职业生涯发展路径为依据。其中，特别明确现代学徒岗位的发展路径，为实现现代学徒中职、高职、本科分级培养打下基础；"发展年限"是各学历层次人才发展的参考时间。

（二）面向职业范围及证书举例

以表格的方式列示，列举各学段对应的职业岗位、学徒目标岗位、职业资格证书和职业技能等级证书，并对具体的职业岗位内涵进行界定。职业岗位及学徒目标岗位应与职业生涯发展路径一致。

（三）接续专业

列举毕业生可继续学习的高职和本科主要专业名称，参照最新版的高职专业目录（2015年版及历年增补专业目录）和本科专业目录（2012年版及历年增补专业目录）。

七、人才规格

参照国家、行业职业标准，根据各专业的职业能力分析表，从职业素养和专业能力两个方面高度概述，并特别说明现代学徒合作企业的人才规格要求。

1. 描述职业素养

应体现产业文化、行（企）业主流价值观和专业特色，特别是体现对应岗位群在职业道德、产业（企业）文化素养、态度与行为规范等方面的要求，如沟通合作、安全生产、节能环保、解决问题、信息处理、责任意识、遵守操作规程等，结合职业能力分析表中的职业素养分析进行高度概括,一般3~5条。

2. 描述专业能力

必须结合职业能力分析表,不仅要高度概述专业能力(知识、技能)的内容,而且要明确专业能力(知识、技能)的学习要求。此外,还应体现理论实践一体化。采取动宾结构描述,如"能编制车工程序",基本格式为"能(会)+动词+规范、标准"。先列出本专业共同的专业知识和技能,一般10~15条。

八、典型工作任务及职业能力分析

概述本专业职业能力分析工作的依据和方法,例如,运用"二维四步五解"职业能力分析法、头脑风暴、文献研究、咨询专家、问卷调查、案例研究等方法,说明本专业所获得的典型工作任务及其工作项目和职业能力的数量,以"见附件"的方式列示典型工作任务及职业能力分析表。典型工作任务是指岗位工作中最重要的、出现频率高的、具有整体性和系统性的工作领域。一个典型工作任务可能是职业能力分析表中的一个工作项目,也可以是多个工作项目的组合。

九、课程结构

(一)课程模块分类

现代学徒制课程结构分为公共基础课程和专业课程两个模块。专业课程分为专业技术技能课程、学徒岗位能力课程、专业拓展课程三类。现将实训课程、毕业设计、毕业论文、顶岗实习归入专业技术技能课程。为给予各校一定的自主安排课程的空间,课程建构重点在于确定必修课的专业技术技能课程,以及限定选修的学徒岗位能力课程,专业拓展课程由学校自行制定。

1. 公共基础课程设置

重在培养学生的文化基础知识和人文素养。现代学徒制公共基础课程按照教育部高职(中职)的公共基础课程教学大纲(课程标准)及有关规定安排。

2. 专业课程设置

专业课程的设置应注意五方面要求:一是要按照相应职业岗位(群)的能力要求,紧密联系生产劳动实际,突出应用性和实践性,每个专业要建立课程与能力的对接关系;二是要结合学生职业生涯发展路径;三是要考虑学生的认知规律;四是要注意与相关职业技能等级证书考核要求相结合;五是要具有普适性。项目组要站在全国(区域)的高度,抓住核心,给予各校自主安排课程的空间。

(1)专业技术技能课程。是指针对职业岗位(群)共同需要的职业能力,为解决实际工作问题而设置的课程。这些能力是最重要、最基本的核心要求,是不同学徒岗位方向必备的专业基础知识和技能。专业技术技能课程可依据工作过程即工作任务的活动水平或重要性程度进行设置,也可依据专业知识体系即基本理论与技能进行设置。

(2)学徒岗位能力课程。是指根据学徒岗位的特定要求而专门设置的课程。依据学徒岗位的职业能力分析,将工作领域的典型工作任务转化为学习领域的项目课程等。对于生源为企业员工的学徒,岗位能力课程要更加突出创新创业能力的培养。

(3)专业拓展课程。是指针对专业发展设置的拓宽学生知识广度、深度的课程。对于现代学徒制则是为适应其他企业岗位的能力要求而设置的课程。

(二)课程模块学时和学分

高职每个现代学徒制专业教学标准必须提供二年制、三年制的课程体系及教学安排。中职每个现代学徒制专业教学标准提供三年制的课程体系及教学安排。

1. 高职二年制

二年制总学分不低于90学分,总学时数为2 000~2 200学时。任意选修课学时占总学时的10%。必修课约1 800学时,其中公共基础课学时占必修课学时的20%~30%,专业技术技能课程和学徒岗位能力课程占1 200~1 400学时。现代学徒的毕业设计或毕业论文是针对岗位存在问题的研究与解决,一般为4~6周,4~6个学分。

2. 高职三年制

三年制总学分不低于120学分,总学时数为2 500~2 700学时。任意选修课学时占总学时的10%~15%。必修课约2 100学时,其中国家规定的公共基础课占500~600学时,专业课(不含任意选修课)即专业技术技能课程和学徒岗位能力课程占1 500~1 600学时。

3. 中职三年制

三年制总学分不低于170学分,总学时数为3 000~3 300学时。公共基础课必修不少于1/3,其余专业课程约2 000学时。专业课程中,任意选修课学时占专业课程学时的10%,专业技术技能课程(即专业核心课程)和学徒岗位能力课程[即专业(技能)方向课程]约占1 800学时。专业技术技能课程(即专业核心课程)为6~9门(含毕业实习)(占1 400~1 500学时,其中毕业实习占540学时)。学徒岗位能力课程[即专业(技能)方向课程]为2~4门(占300~400学时)。

十、课程内容及要求

说明公共基础课程内容及要求,应与教育部的高职(中职)公共基础课程教学大纲(课程标准)及有关规定保持一致。专业课程一是要说明该课程与哪些典型工作任务及职业能力对接,列出这些典型工作任务和职业能力的编码(学科课程除外)。二是要概述"主要教学内容和要求"。可以根据课程对应的职业能力概述,采取清晰、便于理解和操作性强的行为动词描述教学内容，一般不超过150字。这也是该课程教学目标及内容的概述。建议采用以"课程"为主语或以"学生"为主语的方式表述，避免使用"通过……使……"的病句。

十一、教学安排

分别说明现代学徒制教学时间安排，明确每门课程的教学场地，分别由学校、企业承担的学时。教学安排应遵循教学规律，按照循序渐进的原则，合理安排课程进度。

（1）每学年为52周，其中教学时间36周（含复习考试、机动各1周），累计假期16周。1周一般为22~26学时。毕业设计或毕业论文、毕业实习一般按每周1学分计算，4~6周。高职二年制总学时数为2 000~2 200学时。高职三年制总学时数为2 500~2 700学时。中职三年制总学时数为3 000~3 300学时。

（2）学分制计算，一般按16~18学时为1个学分，学分值采取"二舍八入、三七作五"计算方法。高职二年制总学分不得少于90学分。高职三年制总学分不得少于120学分。中职三年制总学分不得少于170学分。军训及入学教育、在岗培养、社会实践、毕业教育等活动，以1周为1学分，共4学分。

（3）教学安排表填写要求。特别注意基本格式"注"，教学安排中"已安排课程"根据实际安排课程的学分、学时填列数据，"小计"表示该模块安排课程的学分、学时的上限数，使用"……"是为了给予各职业院校自行安排课程的空间。学分、学时计算不得有误。单元格中没有数据的不填留空。

（4）由于"X"的每一级别学习培训内容，原则以不超过8学分为宜，建议在教学安排中将"X"的培训课程标示出来，既有与学历教育的课程重复，也有单独的培训课程。

十二、教学基本条件（1 000字以内）

分别说明学校、企业条件。

（一）学校条件

1. 学校导师条件

学校导师任职基本条件包括：

（1）遵守国家的法律、法规以及方针政策，身体健康的学校在职教师。

（2）具有良好的职业道德和协作意识，遵守校企共同制订的教学及其他规章制度。

（3）原则上要求具有现代学徒制所涉及的企业工作岗位的工作经历，至少要通过企业的岗位锻炼，熟悉所任课程涉及的岗位工作对知识、技能和基本素质的要求，业务基础扎实，具有承担本专业（课程）教学任务的业务能力和教学水平。具有大学本科以上学历或中级以上专业技术职务。

2. 校内实训室

列出开设本专业必须具备的校内实训实习室，每个实训实习室列出主要的工具和设施设备配备要求，说明专业实训中心建设参考方案，生均台套数用分数表示。

（二）企业条件

1. 企业导师条件

企业导师任职基本条件包括：

（1）遵守国家的法律、法规以及方针政策，身体健康的企业在岗员工。

（2）具有良好的职业道德和协作意识，遵守校企共同制订的教学及其他规章制度。

（3）原则上具备三年以上企业岗位工作经历、大专以上学历，并符合以下条件之一者：中级及以上专业技术职称、获得高级及以上职业资格等级证书、中层及以上领导职务；

对企业推荐的具有五年以上岗位工作经验的优秀员工，可不受上述学历、职称和职务的限制，但须通过校企双方的考核，认定其专业技能能够胜任企业导师岗位即可。

2. 岗位培养条件

说明合作企业岗位教学实施条件，能满足学徒的企业课程教学要求。

十三、教学实施建议（1 000 字以内）

综合描述专业教学标准实施在教学要求、教学组织形式、学业评价、教学管理、质量监控等方面的原则性要求，应突出现代学徒制专业的教学特色。

1. 教学要求

公共基础课教学要符合教育部有关教育教学基本要求，按照培养学生基本科学文化素养、服务学生专业学习和终身发展的功能来定位，重在教学方法、教学组织形式的改革，教学手段、教学模式的创新，调动学生学习积极性，为学生综合素质的提高、职业能力的形成和可持续发展奠定基础。专业课体现岗位培养、工学交替、以学生为中心、做中学、学中做的教学理念，充分利用现代教育技术和学生岗位工作条件，实施真实的项目化教学，充分实现理论学习与操作实践一体化教学，结合岗位工作任务，开展岗位能力内容培训和业绩考核。集中讲授、以问题导入、任务驱动、项目实施、案例分析、情景演示等，突出培养学生分析和解决实际问题的能力。提倡数字化资源、仿真资源等教学资源的开发与利用。教学手段应多元化，运用网络教学、多媒体教学，引入企业和学校远程资源，组织现场教学。

2. 教学组织形式

突出现代学徒制校企双主体、双场地、双导师育人等教学组织形式的多样性。

结合企业需要合理安排学习时间，课程可以采用集中授课、企业培训、任务训练、岗位培养、网上教学等方式实施。教学过程与工作过程的组织管理高度融合，营造新型的企业校园环境。

（1）集中授课。适用于通识能力课程、专业基础课程的理论知识和基本技能部分的教学，以校（企）导师集中授课的方式开展。

（2）企业培训。适用于所有类型课程。企业导师在企业教学点（课程教学点）传授属于该企业特有的知识内容、行业最新动态、企业岗位基本技能等内容

（3）任务训练。在课程教学中设计若干个岗位训练任务，在双导师的指导下进行有针对性的训练和自我训练，对岗位基本技能进行延伸和固化，把任务训练作为学生（学徒）职业岗位能力培养的重要组成部分。

（4）岗位培养。以企业具体岗位任务为内容，企业导师以"师带徒"的方式在学徒岗位实施课程教学，学徒岗位培养成绩以其岗位工作任务完成的情况作为主要依据进行考核与评价。

（5）网络教学。校企共同开发优质网络课程，便于学生（学徒）在岗位上开展网络学习，经考核合格后，学徒可获得相应学分。

3. 学业评价

现代学徒制的学业评价必须以业绩考核为主导，将企业的绩效考核引入到学业评价之中，将职业技能等级证书的认证考核标准与企业岗位晋升等级考核标准作为学生（员工）学业考核与评价的重要指标。岗位能力的评价不但要看操作的结果，更要看操作过程的规范性，以及对问题的分析和解决能力。岗位实训的评价由企业导师主导，参照行业或企业标准进行评价。毕业设计或毕业论文的选题必须是学徒岗位工作遇到的问题，是基于应用的开发和研究。

教学评价应体现评价主体、评价方式、评价手段的多元化，学校企业共同参与，校内校外评价结合，职业技能鉴定与学业考核结合，教师评价、学生互评与自我评价结合，过程性评价与结果性评价结合，不仅关注学生对知识的理解和技能的掌握，更要关注知识在实践中运用与解决实际问题的能力水平，重视规范操作、安全文明生产等职业素质的形成，以及节约能源、节省原材料、爱护生产设备、保护环境等意识与观念的树立。

学业评价注重教学效果，即学生学习结果的评价。学业评价由校企专业教学团队和教学管理相关人员集体讨论，制订具体的评价方案（如现代学徒制专业课程教学教师教学评价表），方案的评价指标应重点体现教师的授课情况和学生的学习情况。重点突出教学内容是否符合岗位能力需求，对提升学生的职业能力是否有帮助，教学方式方法是否科学，教学准备是否充分，学生的学习态度、学习积极性、学习效果如何等。

4. 教学管理

根据现代学徒制生源特点，结合行业企业发展和学生工作实际，制订相应的人才培养方案、教学进程和考核要求。建立规范的教学管理制度，教学中实施学分制管理，学生必须按照要求修完规定的学分才能毕业。对于先招工后招生，已有工作经历、相关培

训经历、技术技能达到一定水平及在相关领域获得一定级别的奖项或荣誉称号的，经学校认定后可折算成相应学分或免修相应课程，并可调整有关教学内容或学时安排。学校应研究制订认定、转换规则和实施办法，经学校党委会议或校长办公会审定后发布实施，并通过学校网站等向社会公开。不得随意把未列入人才培养方案的企业工作内容、时间等折算抵扣学时学分。应充分发挥学生学习的积极性与主动性，给学生创造足够的灵活空间，并在教学安排、课程设置、考试考核与评价模式等方面积极探索与之相适应的管理模式。

注重校企融合、岗位培养、岗位成才理念，强化实践技能的培养。构建基于工作过程的工学结合的现代学徒制人才培养模式。以职业岗位能力与素质要求明确课程目标，注重教学与生产、教学与服务的有机结合，实施工作岗位现场教学和实操指导，提升学生的职业素质与实际岗位工作能力。

5．质量管理

完善教学管理机制，加强日常教学组织运行与管理，建立健全巡课、听课、评教、评学等制度，建立与企业联动的实践教学环节督导制度，严明教学纪律，强化教学组织功能。定期开展公开课、示范课等教研活动。

完善专业教学工作诊断与改进制度，健全专业教学质量监控和评价机制，及时开展专业调研、人才培养方案更新和教学资源建设工作，加强课堂教学、实习实训、毕业设计等方面质量标准建设，提升教学质量。

完善学业水平测试、综合素质评价和毕业生质量跟踪反馈机制及社会评价机制，对生源情况、在校生学业水平、毕业生就业情况等进行分析，定期评价人才培养质量和培养目标达成情况。

十四、毕业条件

根据本专业培养目标、培养规格及职业能力要求，明确对学生学业成绩、实践经历、综合素质等方面的考核要求、考核方式和考核标准，以及学生毕业时应完成的规定学时学分。

十五、其他

其他需要说明的问题，如没有，此项可不写。

附录：开发团队

按实际参与情况说明参与开发的行业企业专家团队和学校教师团队的人员姓名、工作单位和职称、职务。

第二章　现代学徒制高职专业教学标准基本框架

现代学徒制高职专业教学标准的框架如下：

现代学徒制高职×××专业教学标准

一、专业名称及代码

×××（××××××）

注：括号内为代码，即阿拉伯数字。

二、招生对象

应、往届高中毕业生，应、往届中职毕业生，中高职衔接转段考核合格的中职学校×××专业等相关专业的正式学籍学生。

三、基本学制与学历

（一）学制

全日制二年（面向中职×××专业学生或企业相关岗位员工，即有专业基础及工作经历者）或全日制三年（针对零基础的招生对象）。

（二）学历

学习合格取得专科学历。

四、培养目标（200字以内）

本专业坚持立德树人，培养与我国社会主义现代化建设要求相适应，德、智、体、美、劳全面发展，面向××××行业（企业），既能从事××××（岗位）工作，又能胜任×××学徒岗位工作，具备××××（专业能力和职业素养）职业能力，以及自主学习能力，在生产、建设、服务、管理第一线的发展型、复合型和创新型的技术技能人才。

五、培养方式（200字以内）

学校和企业联合招生、联合培养、一体化育人。职业院校承担系统的专业知识学习和技能训练职责；企业通过师傅带徒弟形式，依据培养方案进行岗位技能训练，真正实现校企一体化育人。教学任务必须由学校教师和企业师傅共同承担，形成双导师制。

六、职业面向与接续专业

（一）职业生涯发展路径

表2-1　×××专业职业生涯发展路径（参考格式）

发展阶段	学徒岗位	就业岗位			学历层次	发展年限（参考时间）	
		操作岗位	技术岗位	管理岗位		中职	高职
…							
Ⅴ							
Ⅳ							
Ⅲ							
Ⅱ							
Ⅰ							

注：①"发展阶段"应依据国家、行业企业的有关规定以及调查分析确定，将职业发展分为若干个阶段，阶段数量因各专业的具体情况而不同。
②"就业岗位"的分类仅供参考，各专业可以自行分类。
③"学历层次"重点明确高职对应的层次。

（二）面向职业范围

表2-2　×××专业面向职业范围（参考格式）

序号	对应职业（岗位群）	学徒目标方向	职业资格证书和职业技能等级证书举例
1			
2			
…	……	……	……

1. ×××岗位：

……

2. ×××岗位：

……

…

（三）接续专业

本科：×××、×××、×××

七、人才规格

1. 职业素养

表2-3　×××专业职业素养（参考格式）

职业素养	合作企业要求举例
（1）……	（1）……
（2）……	（2）……
……	……

2. 专业能力

表2-4　×××专业专业能力（参考格式）

专业能力	合作企业要求举例
（1）……	（1）……
（2）……	（2）……
……	……

八、典型工作任务及职业能力分析

根据本专业××××目标岗位，运用×××方法，开展行业企业专家研讨，获得×××个典型工作任务，以及×××个工作项目，×××项工作任务，×××条职业能力点。典型工作任务见下表，职业能力分析表见附件。（200字以内）

表2-5　×××专业典型工作任务一览表（参考格式）

序号	典型工作任务	工作项目及职业能力要求	备注
			详见附件

九、课程结构

本专业的课程体系建构是根据……（200字以内）

表2-6 ×××专业高职学段课程结构（参考格式）

课程模块		课程名称	课程性质
公共基础课程		思想品德修养与法律基础	必修课
		毛泽东思想和中国特色社会主义理论体系概论	必修课
		形势与政策	必修课
		数学	必修课
		英语	必修课
		计算机应用基础	必修课
		体育	必修课
		就业指导与职业生涯设计	必修课
		创新创业基础	必修课
专业课程	专业技术技能课程	……	必修课
		……	必修课
		……	必修课
		……	必修课
		……	必修课
		……	必修课
		毕业设计或毕业论文	必修课
	学徒岗位能力课程	……	限选课
		……	限选课
		……	限选课
		……	限选课
		……	限选课
		……	限选课
	专业拓展课程	由学校自行设置，不低于6学分	任选课

十、课程内容及要求

1. 公共基础课程

表 2-7　×××专业高职学段公共基础课程（参考格式）

序号	课程名称	主要教学内容和要求	参考学时
1	思想品德修养与法律基础	……	…
2	毛泽东思想和中国特色社会主义理论体系概论	……	…
3	形势与政策		
4	数学		
5	英语		
6	计算机应用基础		
7	体育		
8	就业指导与职业生涯设计		
9	创新创业基础		

2. 专业技术技能课程

表 2-8　×××专业高职学段专业技术技能课程（参考格式）

序号	课程名称	对接典型工作任务及职业能力	主要教学内容和要求	参考学时
1				
2				
3				
…				
	毕业设计或毕业论文			

注："对接典型工作任务及职业能力"填写职业能力编码，编码与附件的职业能力分析表对应，学科课程除外。

3. 学徒岗位能力课程

表 2-9　×××专业学徒岗位能力课程（参考格式）

序号	课程名称	对接典型工作任务及职业能力	主要教学内容和要求	参考学时
1				
2				
3				
…				

注："对接典型工作任务及职业能力"填写职业能力编码，编码与附件的职业能力分析表对应，学科课程除外。

十一、教学安排

（一）二年制

表2-10　×××专业高职二年制教学安排（参考格式）

课程类别		课程名称	学分	总学时	各学期周数、学时分配				教学场所学时分配			评价方式	说明
					1	2	3	4	学校	网络	企业		
					18	18	18	18					
公共基础课程	必修课	思想品德修养与法律基础	4	72	2	2							
		毛泽东思想和中国特色社会主义理论体系概论	4	72			4						
		形势与政策	2	36	1	1							
		数学	4	72	4								
		英语	8	144	4	4							
		计算机应用基础	4	72		4							
		体育	4	72	2	2							
		就业指导与职业生涯设计	2	36	1		1						
		创新创业基础	2	36	2								
		已安排课程小计	34	612	16	13	5						
		……			…	…	…	…					
		小计		650									
专业课程	专业技术技能课程（必修课）												
		毕业设计或毕业论文	4~6					28					
		已安排课程小计											
		……			…	…	…	…					
		小计		1 100									

续上表

课程类别		课程名称	学分	总学时	各学期周数、学时分配				教学场所学时分配			评价方式	说明
					1	2	3	4	学校	网络	企业		
					18	18	18	18					
专业课程	学徒岗位能力课程（限选课）												
		已安排课程小计											
		……	…	…	…	…	…	…					
		小计		300									
专业拓展课程（含任选课）		……		150~200	…	…	…	…					
合计			大于90	2000~2200	22~26	22~26	22~26	28					

注：各校在此基础上，结合学校实际情况，将教学安排设计完整。（1）高职学段总学时数为2 000~2 200学时，公共基础课程学时占必修课学时的20%~30%，专业技术技能课程占　学时（具体由各专业确定），学徒岗位能力课程占　学时（具体由各专业确定）。（2）评价方式：①笔试；②面试；③任务考核；④业绩考核，等等。（3）总学分不少于90学分，含军训及入学教育、在岗培养、社会实践、毕业教育等活动的学分。（4）"……"表示由各院校自行安排的必修课程、选修课程。（5）属于职业技能等级证书的培训课程，用＊表示。

（二）三年制

表2-11　×××专业高职三年制教学安排（参考格式）

课程类别		课程名称	学分	总学时	各学期周数、学时分配						教学场所学时分配			评价方式	说明
					1	2	3	4	5	6	学校	网络	企业		
					18	18	18	18	18	18					
公共基础课程	必修课	思想品德修养与法律基础	4	72	2	2									
		毛泽东思想和中国特色社会主义理论体系概论	4	72			4								
		形势与政策	2	36	1	1									
		数学	4	72	4										

续上表

课程类别		课程名称	学分	总学时	各学期周数、学时分配						教学场所学时分配			评价方式	说明
					1	2	3	4	5	6	学校	网络	企业		
					18	18	18	18	18	18					
公共基础课程	必修课	英语	8	144	4	4									
		计算机应用基础	4	72		4									
		体育	4	72	2	2									
		就业指导与职业生涯设计	2	36	1		1								
		创新创业	2	36	2										
		已安排课程小计	34	612	16	13	5								
		……		…	…	…	…	…	…	…					
		小计		650											
专业课程	专业技术技能课程														
		毕业设计或毕业论文	4~6						28						
		已安排课程小计													
		……													
		小计		1 200											
	学徒岗位能力课程														
		已安排课程小计													
		……		…	…	…	…	…	…	…	…				
		小计		400											
专业拓展课程（含任意选修课）		……		300~500											

续上表

课程类别	课程名称	学分	总学时	各学期周数、学时分配						教学场所学时分配			评价方式	说明
				1	2	3	4	5	6	学校	网络	企业		
				18	18	18	18	18	18					
合计		不低于120	2 500~2 700	22~26	22~26	22~26	22~26	22~26	28					

注：各校在此基础上，结合学校实际情况，将教学安排设计完整（1）高职学段总学时数为2 500~2 700学时，专业技术技能课程占　学时（具体由各专业确定），学徒岗位能力课程占　学时（具体由各专业确定）。（2）评价方式：①笔试；②面试；③任务考核；④业绩考核，等等。（3）总学分不低于120学分，含军训及入学教育、在岗培养、社会实践、毕业教育等活动的学分。（4）"……"表示由各院校自行安排的必修课程、选修课程。

十二、教学基本条件（1 000字以内）

（一）学校条件

1. 学校导师条件

2. 校内实训室

校内实训必须具备×××、×××等实训室，主要工具、设施设备及数量见下表。

表2-12　校内实训室主要工具、设施设备及数量（参考格式）

序号	实训室名称	主要工具和设施设备		
		名称	规格	数量（生均台套）
1				
2				
…	……	……	……	……

（二）企业条件

1. 企业导师条件

2. 岗位培养条件

十三、教学实施建议（1 000 字以内）

（一）教学要求

（二）教学组织形式

（三）学业评价

（四）教学管理

（五）质量监控

十四、毕业条件

十五、其他

附录：开发团队

(一) 行业企业专家团队

表 2-13　行业企业专家团队（参考格式）

序号	姓名	工作单位	职称、职务

(二) 学校教师团队

表 2-14　学校教师团队（参考格式）

序号	姓名	工作单位	职称、职务

附件：×××专业职业能力分析表

第三章　现代学徒制中职专业教学标准基本框架

现代学徒制中职专业教学标准的框架如下：

现代学徒制中职×××专业教学标准

一、专业名称及代码

×××（××××××）

注：括号内为代码，即阿拉伯数字。

二、招生对象

初中毕业生及同等学力者。

三、基本学制与学历

（一）学制

全日制三年。

（二）学历

学习合格取得中职教育学历。

四、培养目标（200字以内）

本专业坚持立德树人，培养与我国社会主义现代化建设要求相适应，德、智、体、美、劳全面发展，面向××××行业（企业），既能从事××××（岗位）工作，又能胜任×××学徒岗位工作，具备××××（专业能力和职业素养）职业能力，以及继续学习能力，在生产、建设、服务、管理第一线的××××（层级）高素质劳动者和技能型人才。

五、培养方式（200字以内）

学校和企业联合招生、联合培养、一体化育人。职业院校承担系统的专业知识学习和技能训练职责；企业通过师傅带徒弟形式，依据培养方案进行岗位技能训练，真正实现校企一体化育人。教学任务必须由学校教师和企业师傅共同承担，形成双导师制。

六、职业面向及接续专业

（一）职业生涯发展路径

表2-15　×××专业职业生涯发展路径（参考格式）

发展阶段	学徒岗位	就业岗位			学历层次	发展年限（参考时间）	
		操作岗位	技术岗位	管理岗位		中职	高职
…							
Ⅴ							
Ⅳ							
Ⅲ							
Ⅱ							
Ⅰ							

注：①"发展阶段"应依据国家、行业企业的有关规定以及调查分析确定，将职业发展分为若干个阶段，阶段数量因各专业的具体情况而不同。

②"就业岗位"的分类仅供参考，各专业可以自行分类。

③"学历层次"重点明确中职对应的层次。

（二）面向职业范围

表2-16　×××专业面向职业范围（参考格式）

序号	对应职业（岗位群）	学徒目标方向	职业资格证书和职业技能等级证书举例
1			
2			
…	……	……	……

1. ××××岗位：

2. ××××岗位：

……

（三）接续专业

高职：×××，×××，×××

本科：×××，×××，×××

七、人才规格

1. 职业素养

表 2-17　×××专业职业素养（参考格式）

职业素养	合作企业要求举例
（1）…… （2）…… …… （5）	（1）…… （2）…… ……

2. 专业能力

表 2-18　×××专业专业能力（参考格式）

专业能力	合作企业要求举例
（1）…… （2）…… …… （15）	（1）…… （2）…… ……

八、典型工作任务及职业能力分析

根据本专业××××目标岗位，运用×××方法，开展行业企业专家研讨，获得×××个典型工作任务，以及×××个工作项目，×××项工作任务，×××条职业能力点。典型工作任务见下表，职业能力分析表见附件。（200 字以内）

表 2-19　×××专业典型工作任务一览表（参考格式）

序号	典型工作任务	工作项目及职业能力要求	备注
			详见附件

九、课程结构

本专业的课程体系建构是根据……（200字以内）

表2-20　×××专业中职学段课程结构（参考格式）

课程模块		课程名称	课程性质
公共基础课程		职业生涯规划	必修课
		职业道德与法律	必修课
		经济政治与社会	必修课
		哲学与人生	必修课
		语文	必修课
		数学	必修课
		英语	必修课
		计算机应用基础	必修课
		体育与健康	必修课
		艺术	必修课
		历史	必修课
专业课程	专业技术技能课程（专业核心课程）		必修课
			必修课
			必修课
			必修课
			必修课
			必修课
			必修课
		毕业实习	必修课
	学徒岗位能力课程［×××专业（技能）方向课程］		限选课
			限选课
			限选课
			限选课
	学徒岗位能力课程［×××专业（技能）方向课程］		限选课
			限选课
			限选课
			限选课
	专业拓展课程	学校自行设置，不低于总学时的10%	任选课

十、课程内容及要求

1. 公共基础课程

表 2-21　×××专业中职学校公共基础课程（参考格式）

序号	课程名称	主要教学内容和要求	参考学时
1	职业生涯规划		
2	职业道德与法律		
3	经济政治与社会		
4	哲学与人生		
5	语文		
6	数学		
7	英语		
8	计算机应用基础		
9	体育与健康		
10	公共艺术		
11	历史		

2. 专业技术技能课程（专业核心课程）

表 2-22　×××专业中职学段专业技能技术课程（专业核心课程）（参考格式）

序号	课程名称	对接典型工作任务及职业能力	主要教学内容和要求	参考学时
	毕业实习			

注："对接典型工作任务及职业能力"填写职业能力编码，编码与附件的职业能力分析表对应，学科课程除外。

3. 学徒岗位能力课程［专业（技能）方向课程］

表 2-23　×××专业中职学段学徒岗位能力课程［专业（技能）方向课程］（参考格式）

序号	课程名称	对接典型工作任务及职业能力	主要教学内容和要求	参考学时

注："对接典型工作任务及职业能力"填写职业能力编码，编码与附件的职业能力分析表对应，学科课程除外。

十一、教学安排

表 2-24　×××专业中职学段教学安排（参考格式）

课程类别		课程名称	学分	总学时	各学期周数、学时分配						教学场所学时分配			评价方式	说明
					1	2	3	4	5	6	学校	网络	企业		
					18	18	18	18	18	18					
公共基础课程	必修课	职业生涯规划	2	36	2										
		职业道德与法律	2	36		2									
		经济政治与社会	2	36			2								
		哲学与人生	2	36				2							
		语文	9	162	4	2			3						
		英语	9	162	4	2			3						
		数学	9	162	4	2			3						
		计算机应用基础	5	90	3	2									
		体育与健康	8	144	2	2	2	2							
		艺术	2	36		2									
		历史	2	36			2								
		已安排课程小计	52	936	16	15	8	4	9						
		……	…	…	…	…	…	…	…	…					
		小计		1 100											

续上表

课程类别		课程名称	学分	总学时	各学期周数、学时分配						教学场所学时分配			评价方式	说明
					1	2	3	4	5	6	学校	网络	企业		
					18	18	18	18	18	18					
专业课程	专业技术技能课程														
		毕业实习	18	540						30					
		已安排课程小计													
		……		…	…	…	…	…	…	…					
		小计		1 500											
	学徒岗位能力课程														
		已安排课程小计													
		……		…	…	…	…	…	…	…					
		小计		400											
任意选修课		……		200											
已安排课程合计															
……				…	…	…	…	…	…	…					
合计				3 200	28	28	28	28	28	30					

注：（1）中职学段总学时数为 3 000~3 300 学时，公共基础课学时不少于 1/3，专业技术技能课程占 1 400~1 500 学时，学徒岗位能力课程占 300~400 学时。（2）评价方式：①笔试；②面试；③任务考核；④业绩考核；等等。（3）总学分不低于 170 学分，含军训及入学教育、在岗培养、社会实践、毕业教育等活动的学分。（4）"……"表示由各院校自行安排的必修课程、选修课程。（5）属于职业技能等级证书的培训课程，用"＊"表示。

十二、教学基本条件（1 000 字以内）

（一）学校条件

1. 学校导师条件

2. 校内实训室

校内实训必须具备×××、×××等实训室，主要设施设备及数量见下表。

表 2-25　校内实训室主要工具、设施设备及数量（参考格式）

序号	实训室名称	主要工具和设施设备		
		名称	规格	数量（台套/学生数）
1				
2				
3				
4				
…				

（二）企业条件

1. 企业导师条件

2. 岗位培养条件

十三、教学实施建议（1 000 字以内）

（一）教学要求

（二）教学组织形式

（三）学业评价

（四）教学管理

（五）质量监控

十四、毕业条件

十五、其他

附录：开发团队

（一）行业企业专家团队

表 2-26　行业企业专家团队（参考格式）

序号	姓名	工作单位	职称、职务

（二）学校教师团队

表 2-27　学校教师团队（参考格式）

序号	姓名	工作单位	职称、职务

附件：×××专业职业能力分析表

第四章 现代学徒制专业教学标准范例

范例一：现代学徒制高职医学美容技术专业教学标准

一、专业名称及代码

医学美容技术（专业代码：620404）。

二、招生对象

应、往届高中毕业生、中职毕业生（不限专业，即无专业基础及工作经历限制）。

三、基本学制与学历

（一）学制

全日制三年。

（二）学历

学习合格取得专科学历。

四、培养目标

本专业坚持立德树人，培养与我国社会主义现代化建设要求相适应，德、智、体、美、劳全面发展，面向美容保健服务及医药卫生行业，既能从事美容咨询、美容师、美容导师等岗位工作，又能胜任美容顾问、美加美高端美容、店长学徒岗位工作，具备美容保健必备的医学知识、个性化方案设计与实施、营销策划及店务管理能力，具有良好的职业形象、服务意识、团队合作精神及专业沟通能力，以及自主学习能力，在美容营销、服务、管理第一线的复合型和创新型的技术技能人才。

五、培养方式

校企联合招生、联合培养，一体化育人。教学组织形式主要有集中讲授、企业培训、任务训练、岗位培养、网络课堂等。公共课程及专业技术技能课程的理论知识在学校或企业教学点由学校导师担任，专业技术技能课程的技术操作在企业教学点及岗位由企业导师担任。人才培养体现校企双主体、交互训教、岗位培养、学徒双重身份、工学交替、在岗成才的典型特征。

六、职业面向及接续专业

（一）职业生涯发展路径

表2-28 医学美容技术专业职业生涯发展一般路径

发展阶段	学徒岗位	就业岗位						学历层次	发展年限（参考时间）	
		美容保健服务行业			医疗卫生行业					
		销售岗位	管理岗位	技术岗位	销售岗位	技术岗位	服务岗位		中职	高职
Ⅵ	—	品牌总监	区域经理	技术总经理	咨询组长	运营经理	会员总监	高职	10年以上	8年以上
Ⅴ	—	市场总监	会所经理	技术总监	现场咨询	医助主管/组长	会员副总监	高职	8~10年	5~8年
Ⅳ	店长/技术主管	见习总监	*店长	*技术主管	电话咨询	医助技师	客服经理	高职	5~8年	3~5年
Ⅲ	培训讲师/美容顾问	*培训讲师/*美容顾问	店长助理	美容师（高）	网络咨询	护理师/美容师	销售经理	高职	3~5年	2~3年
Ⅱ	美容导师	*美容导师	—	美容师（中）	咨询助理	护理师/美容师	销售主管	高职中职	2~3年	1~2年
Ⅰ	—	见习美容导师	美容师（初）	导诊/导医		导购		中职	1~2年	6~12个月

注：①"发展阶段"是将职业发展分为若干个阶段，每一阶段发展年限因各企业的具体情况而不同，上表发展年限为行业企业调研获得，供参考。
②"就业岗位"的分类仅供参考。
③"学历层次"只明确中高职对应的层次。
④"*"为高职现代学徒制的目标岗位。

（二）面向职业范围

表2-29 医学美容技术专业面向职业范围

序号	对应职业（岗位群）	学徒目标方向	职业资格证书和职业技能等级证书
1	销售岗位（美容导师、网络咨询、电话咨询等）	美容导师、美容培训讲师、美容顾问	美容师、企业培训师

续上表

序号	对应职业（岗位群）	学徒目标方向	职业资格证书和职业技能等级证书
2	管理岗位（店长、经理）	店长	美容师、健康管理师
3	技术岗位（高级美容师、美容导师、护理师、医助）	美容技术主管	美容师

1. 美容顾问岗位

为客户提供专业的美容咨询，解决客户美容问题。如根据客户需求制订有针对性的美容方案，对客户需求进行解答，并拟订出行之有效的解决方法。

2. 美容技术主管岗位

负责美容会所技术服务流程与服务技能的管控，包括技术培训、员工培训、专业知识培训、各岗位培训、专业提升培训等，全面提高员工专业度和技术岗位专长，从而更好地服务客户，满足企业发展的需求。

3. 美容会所店长

统筹美容会所全局管理工作，主导会所的所有业务事项，带领全员最终达到业绩目标。如会所营销规划、客户管理与开发、客户服务流程管控等。

4. 美容培训讲师岗位

主要负责美容市场信息的收集与反馈，公司加盟店及各省市产品经销商的产品知识、美容手法的培训；制订完善公司培训计划及方案，为客户制订美容院运作方案及员工队伍的培养方案，以及提供美容咨询，协助美容主讲者进行推广美容活动等相关工作；参与大型促销活动的主持及组织策划工作。

5. 美加美高端美容岗位

是适应美容新业态——美加美系统推广应用开发的高端美容岗位（群），包括销售、管理及技术岗位。该岗位（群）运用美加美系统安全、快速、有效帮助面部年轻化。

（三）接续专业：无

七、人才规格

1. 职业素养

表2-30　医学美容技术专业职业素养

职业素养	合作企业要求
（1）具有良好的职业形象和服务意识。 （2）具有诚实守信、爱岗敬业、团结合作、吃苦耐劳的职业精神。 （3）具有专业的沟通交流能力。	（1）化精致的职业妆，穿工作服，保持微笑面容等。 （2）守信诚实、服务意识强、爱岗敬业、吃苦耐劳，销售回访认真负责。 （3）服务流程各环节与顾客适度沟通，要求使用接待话术、预约话术、操作话术、销售话术等。

续上表

职业素养	合作企业要求
（4）具有信息安全及隐私保护意识。 （5）精益求精，具有高度责任心。 （6）主动学习，具有创新创业意识及能力	（4）有良好的团队合作精神和团队意识，能在团队中履行个人的职责并支持、配合他人开展工作。 （5）有卫生消毒意识、产品安全及仪器操作安全意识等，使用物品符合卫生安全要求，不使用过期变质产品，不违规操作。 （6）不泄露客户信息，尊重客户的隐私权。 （7）会用常用办公软件录入客户信息并进行相关数据统计、分析；具有良好的信息观念，敏锐地捕捉客户信息、市场信息和产品信息

2．专业能力

表 2-31　医学美容技术专业专业能力

专业能力	合作企业要求
（1）具有审美和创美能力。 （2）能够正确判断皮肤类型、分析皮肤问题成因，制订解决方案。 （3）能够根据美容服务标准流程实施美容美体技术操作。 （4）熟知美容仪器设备功效，熟练操作美容仪器设备，并能进行基本维护及保养。 （5）能够正确选择并使用产品、搭配产品和整合项目。 （6）熟练运用中医美容保健技术。 （7）具备运用美容医学基础、中医养生、美容保健、化妆品、美容心理学等知识指导美容实践的能力。 （8）能开展美容咨询，制订及执行营销方案。 （9）具备开展美容养生专业知识、产品、技术、方案、项目等培训活动的能力。 （10）能建立顾客档案，收集典型案例，制订美容保健计划。 （11）具备美容店务管理及行政管理能力	（1）熟悉预约、接待、售后跟进、会员资料管理等服务流程及话术。 （2）熟悉面部及身体护理项目理论（原理、功效、成分、适用人群、注意事项、禁忌等）、项目操作（手法、步骤、仪器操作、手法技巧等）。 （3）能够进行专业介绍（产品、技术、项目等），树立顾客信心，引导需求产生。 （4）用电话、微信等方式确定预约定位，跟进产品/项目效果，收集顾客意见。 （5）解释并处理产品使用/操作过程中可能出现的问题。 （6）熟悉不同产品的适用人群、成分、功效及注意事项，用看、闻、抹、拍、摸等方法对比产品效果，根据不同问题皮肤搭配不同的产品。 （7）了解光电美容仪器的作用原理、功效、操作注意及操作禁忌事项，介绍各类光电美容仪器时表述专业。制定仪器管理标准，并按仪器管理标准，定期定时完成设备维护。 （8）熟悉面部及身体保健护理流程及诊断（问诊、望诊、触诊）、按摩技巧、常用穴位定位、取穴方法、刮痧、拔罐的适应证、禁忌证、操作方法、技巧及步骤。 （9）观察皮肤（肤色、肤质、毛孔、油脂分泌等问题）并做出判断，分析皮肤问题成因。 （10）运用医学审美评价标准，对客户的健康及面部皮肤进行全面分析，评估预期效果，展示案例，铺垫销售。 （11）根据客户面部皮肤问题及需求综合分析，与客户沟通解决方案并达成共识，确定项目组合（产品、仪器、手法、步骤），进行疗程设计，指导方案实施及家居保养（饮食调理、膳食建议、产品使用等）。 （12）确定项目培训内容（品牌理念、特有成分、功效、适合人群、价格、专利技术、售后服务标准、维修管理标准），培训前的文字编辑及PPT制作，培训后的考核标准及试题制定。 （13）用电话、微信跟进方案实施效果，指导处理、解决常见问题、提醒注意、活动邀约。 （14）收集案例护理前后对比图片/视频资料，进行效果对比分析

八、典型工作任务及职业能力分析

根据本专业美容导师、美容顾问、培训讲师、店长、技术主管目标岗位，运用头脑风暴、文献研究、咨询专家、问卷调查、案例研究等方法，开展行业企业专家研讨，获得11项典型工作任务，以及65个工作项目、235项工作任务、856条职业能力点。典型工作任务见表2-32，职业能力分析表详见《广东现代学徒制专业教学标准：职业能力分析（一）》①。

表2-32 医学美容技术专业典型工作任务一览表

序号	典型工作任务	工作项目及职业能力要求	备注
1	认同企业	01，02，04	
2	熟悉项目	03，07，08，14，17，18	
3	服务流程	05，06，09，10，11，12，13，36	
4	美容方案制订	14，15，16	
5	产品培训	19，20	工作项目及职业能力要求编号与职业能力分析表对应
6	营销策划	21，22，23，44	
7	医美服务	24，25，26，27，28，29，30，31，38，39，40，41，42	
8	仪器操作	32，33，34，35	
9	客情管理	36，37，43，48	
10	美容咨询	45，46，47，48	
11	美加美高端美容	M03，M09，M10，M08	

九、课程结构

课程分为公共基础课程和专业课程两个模块，专业课程分为专业技术技能课程、学徒岗位能力课程、专业拓展课程三类。公共基础课程根据教育部有关规定安排，专业课程设置根据美容职业岗位（群）能力要求设置。专业技术技能课程依据不同学徒岗位方向共同需要的职业能力要求设置，学徒岗位课程根据学徒岗位方向的特定要求设置。专业能力拓展课程为学徒适应其他美容企业岗位能力要求而设置，由学校自行安排。课程体系结构见表2-33。

---

① 广东省教育厅，广东省教育研究院. 广东现代学徒制专业教学标准研制：职业能力分析（一）[M]. 广州：广东高等教育出版社，2016.

表 2-33　医学美容技术专业高职学段课程结构

课程模块			课程名称	课程性质
公共基础课程			思想品德修养与法律基础	必修课
			毛泽东思想和中国特色社会主义理论体系概论	必修课
			形势与政策	必修课
			应用写作	必修课
			英语	必修课
			计算机应用基础	必修课
			体育	必修课
			就业指导与职业生涯设计	必修课
			创新创业基础	必修课
专业课程	专业技术技能课程		美容行业企业认知	必修课
			店务与运营	必修课
			美容皮肤护理方案制订	必修课
			美容美体技术	必修课
			美容仪器应用	必修课
			客情管理	必修课
			美容咨询与沟通	必修课
			医美技术服务	必修课
			营销实务	必修课
			中医体质辨识与养生	必修课
			美容医学基础	必修课
			美容化学基础	必修课
			美容营养	必修课
			毕业设计	必修课
	学徒岗位能力课程	营销策划	营销策划与技巧	限选课
			企业文化	限选课
			客户管理	限选课
			产品培训	限选课
			营销方案制订	限选课

续上表

课程模块			课程名称	课程性质
专业课程	学徒岗位能力课程	技术服务	标准化服务（五标）	限选课
			美容院信息管理	限选课
			产品搭配与项目整合	限选课
		美加美高端美容	声光电美容仪器使用与维护	限选课
			美加美方案制订	限选课
			美加美服务流程	限选课
			危机处理	限选课
	专业拓展课程		由学校自行设置，不低于6学分	任选课

十、课程内容及要求

1. 公共基础课程

表2-34 医学美容技术专业高职学段公共基础课程

序号	课程名称	主要教学内容和要求	参考学时
1	思想品德修养与法律基础	本课程是大学生进行思想道德和法制观念教育的必修课，也是企业对员工进行思想品德与职业道德教育的重要内容，以企业工作案例为课堂教学的基本教学案例，以员工职业道德培养与法律教育为主线，将理论教学与企业员工学法、守法、用法的自觉性培养相结合，培养学生形成正确的理想信念和爱国主义精神，树立正确的人生观和价值观	72
2	毛泽东思想和中国特色社会主义理论体系概论	本课程是进行中国特色社会主义理论与实践教育的必修课，以岗位实践、在线学习等形式，让学生正确理解毛泽东思想、中国特色社会主义理论的科学体系、精神实质和立场、观点、方法，树立建设中国特色社会主义的坚定信念，培养学生运用马克思主义的立场、观点和方法分析和解决问题的能力，自觉执行党的基本路线和基本纲领，爱岗敬业	72
3	形势与政策	本课程是高校思想教育的必修课，可采取在线教学等方式。通过本课程的学习，学生能了解国际、国内形势，全面正确认识党和国家面临的形势和任务，正确理解并拥护党的路线、方针和政策，增加学生的爱国主义责任感和使命感，增强实现社会主义现代化建设宏伟目标的信心和社会责任感，自觉自愿投身于国家经济建设事业，明确自身的人生定位和奋斗目标	36

续上表

序号	课程名称	主要教学内容和要求	参考学时
4	应用写作	本课程主要以美容导师及店长的职业能力要求为导向，以岗位工作案例为课程教学案例，如调研、策划、会议、宣传、洽谈、工作计划及总结等，通过开展调研活动、集中教学等形式，培养学生写作调查报告、可行性分析报告、预测报告，制订部门工作计划、营销策划书等各种会议文书的写作能力及技巧，增强学生的职业能力和就业竞争力	36
5	英语	本课程以行业发展需求为导向，结合职业岗位要求，以培养学生具备运用英语交流沟通的基本能力为目标，侧重美容服务、化妆品应用等职场环境下使用英语进行交流与沟通的能力培养，以网络教学、集中面授等方式，培养学生跨文化交流意识，增强学生的学习兴趣和自主学习能力，为提升学生的就业竞争力及未来的可持续发展打下必要的基础	72
6	计算机应用基础	本课程以岗位信息化管理及服务要求为导向，确定课程目标及教学内容，以工作表格、顾客档案建立等作为教学案例，让学生学习计算机常用办公软件、计算机网络、信息安全等方面的基础知识及使用，提高学生的办公软件高级应用技能，使学生具有简单处理图像、声音、视频等多媒体的能力及常用办公软件应用能力	72
7	体育与健康	本课程以职业形象及胜任岗位工作任务的健康要求为目标，以兼具强身健体及美体塑形的项目为主要学习内容。选择合适的体育项目训练（瑜伽、运动保健等），让学生获得各专项运动项目的基本知识、技术和技能，具备科学锻炼身体、保健养生及预防运动损伤的方法，具有改善身体形态、机能，提高身体素质和运动的能力	72
8	就业指导与职业生涯设计	本课程内容与企业员工职业生涯发展规划相融合，运用职业目标、职业意识、职业岗位要求和创业准备等教学案例，培养学生的社会能力和方法能力，提高其岗位适应能力；让学生理解职业与成才的关系，理解职业生涯设计的意义和基本内容；让学生学会认识自己和社会，了解企业的行为规范，形成职业意识及职业生涯设计	36
9	创新创业基础	本课程的主要任务是培养学生的创新精神与创业意识，让学生了解创业所需要的基本知识，熟悉开办美容企业的流程与管理，具备必要的诚信力、决策力、管理力、创建力和社交力等素质；树立科学的创业观，主动适应行业发展和个体全面发展需求，正确理解创新创业与职业生涯发展的关系，自觉遵循创新创业规律，积极投身创新创业实践	36

2. 专业技术技能课程

表 2-35 医学美容技术专业高职学段专业技术技能课程

序号	课程名称	对接典型工作任务及职业能力	主要教学内容和要求	参考学时
1	美容行业企业认知	01、02-01、05-02、48、M01、M06-02	本课程是入职美容行业的第一课，主要与认同企业的典型工作任务对接，主要内容包括企业文化、职业形象、职业素养及岗位职责等，培养学生具有良好的职业心态及职业素养，了解并认同美容行业企业，树立专业的自信心和自豪感，从而爱专业、爱行业，对专业课程学习有兴趣	36
2	*店务与运营	01-03、02、05、06、09、10、11、12、13	本课程内容与美容顾问、店长等岗位的典型工作任务对接，主要包括美容门店运营标准化服务流程、日常经营管理等。以岗位培养、师带徒形式，了解企业运营与标准化管理要求、工作流程、项目操作流程、接待流程，能够根据预约接待、服务跟进等工作规范，完成店务日常运营与管理任务	36
3	*美容皮肤护理方案制订	02-02、07-03、09-03、14、M08	本课程内容与美容顾问、美容师岗位的美容方案制订与实施典型工作任务对接，包括分析顾客皮肤健康状况、个性化皮肤护理解决方案设计及方案制订等。要求能够正确分析皮肤问题，了解顾客健康状况及美容需求，正确搭配项目、制订个性化皮肤护理方案解决皮肤问题，解释项目功效、疗程	72
4	*美容美体技术	02-06-03、02-06-04、03、06-03、48-02、48-03	本课程内容主要与美容师、技术主管等技术岗位的美容项目流程操作典型工作任务对接，包括面部及身体护理基本知识、护理操作流程及规范、操作手法、沟通话术、技术培训与操作指导等。要求熟悉美容美体护理项目理论及操作流程，熟练运用护理操作手法、步骤及技巧，独立完成面部及身体护理项目操作，并进行专业沟通和解释	216

续上表

序号	课程名称	对接典型工作任务及职业能力	主要教学内容和要求	参考学时
5	美容仪器应用	02-04、07-02、18-01、18-02、M10-02、32、33、34、35-01、35-02	本课程内容与美容技术岗位仪器操作的典型工作任务对接,主要内容有仪器设备及耗材日常维护与管理、光电类仪器操作、仪器适用人群、注意事项等。要求了解仪器的品牌文化、产地、原理、功效,会操作常用仪器,进行仪器保养维护,了解仪器操作注意事项及禁忌,进行仪器售后服务、术后跟进、术后教育,具有较强的责任(安全)意识	36
6	客情管理	01、02、09、11-01、13-01、16、36、37	本课程内容与美容技术服务、营销、管理岗位的客情维护、服务跟进等典型工作任务对接,主要有顾客信息收集、顾客感情管理、精细化管理、服务管理等。要求关心顾客,建立顾客信任,正确记录顾客信息,与顾客建立良好的客情关系,根据项目要求做好效果跟进、顾客二次开发、顾客隐私保护	54
7	*美容咨询与沟通	01-02、06、07-03、45、46、47	本课程内容与导医、医生助理、美容顾问、美容师等岗位的咨询与沟通的典型工作任务对接,主要内容有医学美容网络咨询、电话咨询、现场咨询、服务流程话术、专业沟通话术等,要求使用服务话术、预约话术、专业话术等与顾客进行有效沟通,引导并确定顾客需求,介绍项目及产品,运用网络、电话等工具进行项目销售及售后跟进	54
8	医美技术服务	24、25、26、27、28、29、30、31、32、38、40、41	本课程内容与导诊、医生助理等医学美容岗位的工作配合、光电类仪器操作等医学美容技术典型工作任务对接,主要内容包括就诊客户接待、投诉处理、手术配合、医助沟通、治疗方案沟通、光疗回访等。要求了解就诊客户接待工作任务要求、手术配合要求、沟通内容及沟通技巧,熟悉操作规范及注意事项,具备物理美容技术操作能力	108

续上表

序号	课程名称	对接典型工作任务及职业能力	主要教学内容和要求	参考学时
9	营销实务	02-02、03、04、15、19-01、20-01、21、22、23、44	本课程内容与美容导师、顾问等岗位的营销策划典型工作任务对接，主要内容包括项目销售、指导、督促执行活动方案、市场规划（基于公司规划）、市场指导、客户二次开发、业绩统计等。要求具有挖掘顾客需求、拓客的能力，能够进行项目销售、熟悉活动方案，了解店务管理、进行项目售后跟进，根据业绩统计分析，制订工作计划及总结	36
10	*中医体质辨识与养生	02-03、03	本课程内容与美容技术服务、营销岗位的中医养生项目操作及美容保健教育典型工作任务对接，内容有中医理论基础、中医美容方法、中医美容养生等中医美容基础理论及基本技术。要求学生能够运用中医理论和方法解决美容保健问题，辨识体质，制订养生方案，解释经络美容、刮痧、拔罐、艾灸等传统美容项目功效、原理及其在美容保健中的应用	108
11	美容医学基础	04、14-01、32、33-02、39、40-01、41-01	本课程与美容技术操作、医美设计与咨询等典型工作任务对接，主要内容有正常人体结构与功能、皮肤美容知识、问题皮肤病理等医学基本理论知识。要求能够正确运用正常人体的系统组成及主要功能等医学基础知识指导美容技术操作实践（如头面部、躯干、四肢的骨骼、浅表肌群、主要神经及血管分布、皮肤的组织结构、常见皮肤问题等）	90
12	美容化学基础	19、20	本课程与美容师、美容导师岗位的产品应用与产品培训典型工作任务对接，主要内容包括与化妆品密切相关的化学基本知识和基础理论、化妆品原料、化妆品添加剂、化妆品卫生规范、化妆品分类、各类化妆品等。要求学生习得化妆品应用必备的化学基础知识，能够运用所学化学知识指导化妆品选择、搭配、使用和营销等工作实践	36

续上表

序号	课程名称	对接典型工作任务及职业能力	主要教学内容和要求	参考学时
13	美容营养	14、34、41-02、M08-02	本课程与美容保健方案制订、家居护理等典型工作任务对接，主要内容包括营养与健康、营养与疾病、营养与美容及特殊人群营养膳食等。要求学生能够以科学营养、合理膳食为指导，根据顾客体重管理、健康减肥需求制订合理的营养膳食计划	36
14	毕业设计			120~180

注：①"＊"课程为学徒岗位核心能力课程。

②"对接典型工作任务及职业能力"一栏编码与职业能力分析表（一）、（二）对应，其中编码前有M则与表（二）对应，学科课程除外。

3．学徒岗位能力课程

（1）营销策划（培训讲师、顾问、店长）

表2-36 医学美容技术专业高职学段学徒岗位能力课程——营销策划

序号	课程名称	对接典型工作任务及职业能力	主要教学内容和要求	参考学时
1	营销策划与技巧	12-02、14-01、14-03-03、15-01-01、16-01、19-03、45-01、46-01、47-02	本课程主要与营销岗位工作任务对接，主要内容有美容需求分析、业绩统计及营销方案的制订、项目销售、营销案例分析等，以师带徒、岗位培养方式，熟悉美容项目及产品营销策略、方案的制订，运用各类营销方法挖掘客户需求，并根据客户需求推介项目及产品，项目售后跟进，与客户建立良好信任关系	36
2	企业文化	01、02-01、02-05、04、48-03、02-06、02-07、M06-02、05	本课程可培养学生的职业态度，增强其责任感、使命感，主要以岗位培养方式让学生了解美容企业环境氛围、精神氛围、制度氛围等。要求学生了解美容企业核心价值观、企业使命、愿景，熟悉企业服务宗旨、员工权利和义务等，具有良好的职业形象和职业素质	36

续上表

序号	课程名称	对接典型工作任务及职业能力	主要教学内容和要求	参考学时
3	客户管理	09、11-02、16、36、45-03、M07	本课程主要对应营销岗位典型工作任务,内容包括客户信息管理、服务管理、促销管理及客户开发管理等,通过师带徒的方式让学生学会获取客户信息,建立完善的客户档案;能与客户进行有效的信息沟通,及时将有关产品信息通过各种方式传递给客户,提供产品情报,增加消费需求、突出产品特点,促使客户了解、信赖并使用产品及服务	36
4	产品培训	19、20	本课程主要对应美容导师、培训讲师等营销岗位典型工作任务,主要以岗位培养、师带徒方式学习院装产品、单品培训,要求熟悉产品原理及效果,演示操作流程及手法技巧,讲解不同类型皮肤使用方法及技巧,了解产品使用注意事项,根据不同季节、不同类型皮肤选择搭配不同的产品,熟练使用不同的化妆品	36
5	营销方案制订	14、15、21、22、23	本课程对应美容导师、培训讲师等营销岗位典型工作任务,主要以岗位培养、师带徒方式学习营销活动方案、市场规划、市场指导、项目销售等,要求熟悉营销活动方案的目标、流程、具体内容等,能指导、督促执行活动方案,基于公司规划进行资源整合、市场运用,具备代理商团队指导能力	36

注:"对接典型工作任务及职业能力"一栏编码与职业能力分析表(一)、(二)对应,其中编码前有 M 则与表(二)对应,学科课程除外。

(2) 技术服务（技术主管、高级美容师）

表 2-37　医学美容技术专业高职学段学徒岗位能力课程——技术服务

序号	课程名称	对接典型工作任务及职业能力	主要教学内容和要求	参考学时
1	标准化服务（五标）	02、03、04、07-01	本课程对应美容师服务流程典型工作任务，主要以岗位培养、师带徒方式学习服务标准化、卫生标准化、环境标准化、技术标准化、物料洗消标准化。要求熟悉服务标准化流程及规范要求，能够按标准要求准备用物用品、服务环境，技术操作流程和手法符合标准要求	72
2	美容院信息管理	02、09-01、10-01、12-01、16-03、16-04、27、45、48-06、48-10	本课程对应美容师、美容顾问等岗位客情维护典型工作任务，主要以岗位培养、师带徒方式熟悉会员资料管理系统、业绩统计、工作报表、客户满意度调查等，要求熟练运用计算机录入客户资料、进行业绩统计、制订工作计划（业绩目标统计分析）等	36
3	产品搭配与项目整合	08、14、15、19、20、M02	本课程主要对应美容顾问、美容导师岗位的美容方案制订、产品培训典型工作任务，主要内容有单品、院装组合、项目及产品搭配等，师带徒学习不同产品的功效、使用方法、适用皮肤类型，不同产品与项目整合解决不同的皮肤问题。通过专业沟通确定顾客需求，确认项目（产品、价格）提出护理建议	36

注："对接典型工作任务及职业能力"一栏编码与职业能力分析表（一）、（二）对应，其中编码前有 M 则与表（二）对应，学科课程除外。

(3) 美加美高端美容（美加美顾问、美加美技师）

表 2-38　医学美容技术专业高职学段学徒岗位能力课程——美加美高端美容

序号	课程名称	对接典型工作任务及职业能力	主要教学内容和要求	参考学时
1	声光电美容仪器使用与维护	02-02-08、08、18、32、33、34、35、M03、M04、M10、M15	本课程主要对应美容医生助理、美加美技师岗位仪器操作典型工作任务，主要内容有仪器管理维护、仪器操作原理及功效、仪器设备使用标准流程、术后跟进、术后教育、仪器设备耗材管理等，通过师带徒的形式使学生了解光电仪器的分类、作用原理及功效，熟悉仪器使用标准流程，规范操作，熟悉术后回访时间，指导术后护理，处理常见问题等	108

续上表

序号	课程名称	对接典型工作任务及职业能力	主要教学内容和要求	参考学时
2	美加美方案制订	17、48、M02、M05、M06、M07、M08、M09、M13、M14、M15、M16、M17	本课程主要对应美加美顾问岗位美容方案制订典型工作任务，通过企业案例教学（分析皮肤、设计个性化方案、项目与产品搭配、制订工作计划），师带徒观察不同类型皮肤外观特征，使学生准确把握皮肤状态，正确分析皮肤类型，分析问题成因，根据皮肤问题及产品设计个性化护理方案，给出解决问题建议	36
3	美加美服务流程	M01、M02、M05、M06、M07、M08、M10、M11、M12、M13、M17、48	本课程主要对应美加美技术岗位技术服务典型工作任务，通过师带徒的方式使学生熟悉专业接待、了解顾客需求、把握操作标准流程等，要求熟练运用精致职业妆化妆技法，打造个人专业形象，具有专业接待和沟通能力，熟悉美加美高端护理流程及规范	36
4	危机处理	29、48－09、M11、M12、02－01－05、16－02	本课程主要对应美加美技术岗位技术操作典型工作任务，通过师带徒的方式使学生学会处理售后疑难问题（产品问题、异常情况）、投诉问题，进行风险预测等，能够解释并处理产品使用过程或操作过程中可能出现的问题，了解异常情况（操作、产品、仪器）处理沟通方法技巧	36

注："对接典型工作任务及职业能力"一栏编码与职业能力分析表（一）、（二）对应，其中编码前有M则与表（二）对应，学科课程除外。

十一、教学安排

表 2-39　医学美容技术专业高职学段教学安排

课程类别		课程名称	学分	总学时	各学期周数、学时分配						教学场所学时分配		评价方式	说明
					1	2	3	4	5	6	学校	企业		
					18	18	18	18	18	18				
公共基础课程	必修课	思想品德修养与法律基础	4	72	2	2					18	54	①②	教学场所学时分配适用于"1.5+1.5"模式，"1+2"模式具体安排以校企教学条件为依据
		毛泽东思想和中国特色社会主义理论体系概论	4	72				4			36	36	①②	
		形势与政策	2	36	1	1					36		②	
		应用写作	2	36					2		36		②③	
		英语	8	72	4	4					72		①②	
		计算机应用基础	4	72		4					72		①②③	
		体育与健康	4	72	2	2					36	36	③	
		就业指导与职业生涯设计	2	36	1	1						36	②	
		创新创业基础	2	36					1	1		36	②③	
		已安排课程小计	32	504	10	14	4		1	3	306	198		
		……												
		小计		650										
专业课程	专业技术技能课程	美容行业企业认知	2	36	2						6	30		双导师集中教学与岗位培养相交替为主要教学方式
		*店务与运营	4	36				4				36	③④	
		*美容皮肤护理方案制订	6	72					2	4	36	36	③④	
		*美容美体技术	12	216	2	2	2	2		4	72	144	③④	
		美容仪器应用	2	36					2			36	②③④	
		客情管理	3	54					3			54	①②③④	
		*美容咨询与沟通	3	54					3		18	36	③④	
		医美技术服务	6	108		2		4			36	72	②③④	
		营销实务	3	36					3			36	②③④	

续上表

课程类别			课程名称	学分	总学时	各学期周数、学时分配						教学场所学时分配		评价方式	说明
						1	2	3	4	5	6	学校	企业		
						18	18	18	18	18	18				
专业课程	专业技术技能课程		*中医体质辨识与养生	8	108			4	2	2		72	36	①②③④	学校导师课堂教学为主要教学方式
			美容医学基础	5	90	5						90		②③	
			美容化学基础	4	36		4					36		②	
			美容营养	2	36				2			36		①④	
			毕业设计	4~6	120~180							60	60~120		
			已安排课程小计	64~66	1 038~1 098	9	8	10	10	13	10	462	576~636		
			……												
			小计		1 200										
	学徒岗位能力课程	营销策划	营销策划与技巧（二选一）	2	36		2					36		③④	企业导师岗位培养为主要教学方式
			营销方案制订（二选一）	2	36		2					36		③④	
			企业文化	2	36			2				36		②	
			客户管理	2	36				2			36		①②	
		技术服务	产品培训	2	36					2		36		③②①	
			标准化服务（五标）	8	72					4	4	72		③④	
			美容院信息管理	2	36				2			36		①②③	
			产品搭配与项目整合	4	36					2	2	36		③④	
		美加美高端美容	声光电美容仪器使用与维护	6	108			2	4			108		②③④	
			美加美方案制订	4	36					2	2	36		①②③	
			美加美服务流程	2	36							36		③④②①	
			危机处理	2	36			2				36		③②④	
			已安排课程小计		504		2	6	8	10	8	504			
			……												
			小计		600										

续上表

课程类别	课程名称	学分	总学时	各学期周数、学时分配						教学场所学时分配		评价方式	说明
				1	2	3	4	5	6	学校	企业		
				18	18	18	18	18	18				
已安排课程合计			2 046 ~ 2 106										
任意选修课（含专业拓展课程）	……		200 ~ 300										
合计		不低于120	2 500 ~ 2 700	22~26	22~26	22~26	22~26	22~26	22~26				

注：（1）高职学段总学时数为 2 500~2 700 学时，专业技术技能课程和学徒岗位能力课程占 1 500~1 600 学时。
（2）评价方式：①笔试；②面试；③任务考核；④业绩考核；等等。（3）总学分不低于 120 学分，含军训及入学教育、在岗培养、社会实践、毕业教育等活动的学分。（4）"……"表示由各院校自行安排的必修课程、选修课程。

十二、教学基本条件

实施校企联合培养，一体化育人，必备的基本条件：一是学校、企业、学生（家长）三方合作育人协议；二是合作育人的基本工作制度；三是企业有足够的学徒学习的工作岗位和必需的课程教学基本条件。

（一）学校条件

1. 学校导师条件

学校导师的职业教育经验及工作经历，对现代学徒制人才培养模式内涵的认识和理解，是制订现代学徒制人才培养方案、构建课程体系、实施教学组织等各环节的重要因素。学校导师应具备以下条件：

（1）具有高等职业院校及以上教师资格证书；原则上有行业企业相关岗位工作经历和实践经验，本科以上学历，讲师以上职称，有高级美容师或相关职业资格的"双师型"教师。

（2）专业核心技能课程教师应具备"双师"职业资格证书及从教能力，连续3年独立完成专业主干课程（至少两门）教学任务。

（3）具有运用专业知识解决实际问题的能力，具有创新性思维，教学思路清晰，教学方法与内容能够满足学徒岗位技术能力提升要求。

（4）了解美容行业发展及市场需求，熟悉本专业学生主要就业岗位典型工作任务及能力要求。

2. 校内实训室

校内实训室及主要设施设备，按照满足一个教学班（30人）的医学技能实训项目要求进行配置，详见表2-40。

表2-40 校内实训室主要工具、设施设备及数量

序号	实训室名称	主要工具和设施设备		
		名称	规格	数量（生均台套）
1	美容基础医学实训室	解剖标本及模型等，医学基础实训	30套	1套/人
2	皮肤护理实训室	美容美体技术实训及美容师考证用物用品、设备	15套	1套/2人
3	中医美容技能实训室	人体针灸穴位发光模型、中医传统技能训练工具及用品	2具30套	1套/组或1套/人
4	医学美容技能实训室	文眉机及用具、美容仪器等	30套	1套/人
…	……	……	……	……

（二）企业条件

1. 企业导师条件

企业拥有较为稳定的导师团队，能够开展员工岗位晋升培训、新员工入职培训及考核工作。企业导师应具备以下条件：

（1）具有良好的职业道德和协作能力、良好的师德和自主学习能力。

（2）能服从学校的教学管理，遵守校企教学规章制度。

（3）有5年以上企业岗位工作经历，大专以上学历或高级美容师以上职业资格。

（4）具有企业人力资源管理、技术服务、技术培训等岗位丰富工作经验的管理骨干和技术骨干或专业技术能力突出的一线优秀员工不受上述学历、职称限制。

2. 岗位培养条件

企业组织架构完整，管理制度健全，员工总人数500人以上，内部培养自成体系，岗位管理规范；能按人才培养要求提供学徒岗位，且岗位培养的设施设备条件与学徒人数匹配，基本能满足学徒岗位培养要求。

（1）教学场地条件。场地功能布局合理，教学设施设备先进，有集中学习的课室，可满足课程教学及岗位技能考核要求。

（2）岗位培养制度完善。建立并完善定期开展职业岗位能力提升的机制。如企业文化培训、服务流程培训、技术操作规范及手法培训、职业素质提高培训、职业心态调整与潜能开发培训等。

(3) 人才培养体系独立、内容完整。包括课程管理（教学计划、培养对象、教学形式、课件、教材等）、师资管理（师资选拔、讲师定级管理）、岗位职业能力考核评价管理等。

(4) 课程及教学形式丰富。包括入职培训、在岗培养课程，高层管理人员、中层管理人员及基层员工能力提升课程等。教学形式有集中教学、导师下店现场培训等。

十三、教学实施建议

（一）教学要求

公共基础课要符合教育部有关教学的基本要求，重在培养学生的文化素养，服务学生专业学习和终身发展，突出"以学生为中心"的理念，强调学以致用，为学生综合素质的提高、自我学习能力的提升、职业素质的形成和可持续发展奠定基础。

专业课程的教学按职业岗位（群）的能力要求，充分体现双主体育人、双场所教学、校企一体化的现代学徒制特征。采用项目导向、案例分析、任务驱动、模拟教学、任务训练、角色扮演等教学法，教学内容与安排遵循学徒认知规律及适合学徒工学交替的学习形式要求，发挥校企导师各自的教学优势，通过课程教学、基本技能训练、岗位培养，不断提高学生的专业能力和综合素质，以满足企业岗位需求。在教学过程中，可加通过数字化资源、教学资源的开发与利用，结合岗位工作案例，提高课程教学效果。

（二）教学组织形式

根据校企岗位培养条件，采取"1.5＋1.5"或"1＋2"教学组织形式。"1.5＋1.5"形式：第1~3学期，在学校和企业教学点学习公共基础课、专业技术技能课程基础知识及基本技能；第4~6学期，在企业岗位学习专业技术技能及学徒岗位课程。"1＋2"形式：第1学年在学校学习公共基础课程及专业技术技能课程基础知识；第2~3学年在企业学习专业技术技能课程及学徒岗位课程。在学校期间的教学任务安排以学校导师为主，在企业学习期间的教学任务安排以企业导师为主。学生从"学校—企业—岗位"完成由"学徒员工—实习员工—正式员工"的角色转换。

（三）学业评价

"双导师"共同制定考核评价标准，形成学生、学校、企业、客户共同评价的考核评价体系，以专业技术能力考核及客户评价为主，考核中不仅关注学生对美容专业知识的理解和技能的掌握，更重要的是关注学生在实践中运用知识解决实际问题的能力和水平，重视美容规范操作、安全意识、服务意识等职业素质的养成教育，以及团队合作、吃苦耐劳职业精神的培养。实践环节以工作能力评价、工作绩效评价和客户评价为主要考核依据。

考核评价方式有笔试、面试、任务考核、演讲、竞赛、客户满意度评价、绩效考核等。根据课程的不同，每门课程采取以上一种或多种考核方式相结合的形式进行，考核成绩的比重由"双导师"团队依据课程目标自行设计。

（四）教学管理

教学管理实行双主体三级负责制，在学校，学校是教学管理的主体。在分管校长的领导下，由学校（院）、二级学院（系、部）、教研室对人才培养质量诸要素和教学过程各环节进行管理监控、检查、评价及反馈和调整。在企业，企业是教学管理的主体。企业负责人、人力资源部、培训部对学徒学习过程的各环节进行监控、考核评价及反馈。

通过"四双共管"，加强教学过程管理的效果。即双专业负责人、双班主任、双导师、双身份。责任到人，分工协作。如学校专业负责人负责集中讲授教学安排，企业专业负责人负责制定集中培训、任务训练及在岗培养计划。学校班主任负责学生的学习考勤管理，企业班主任负责学生的岗位考勤管理。双导师负责课堂和岗位学习管理及考核评价；学徒双身份既遵守学校学生管理规定，又执行企业员工管理制度。

（五）质量管理

建立科学的质量管理体系，实行学分制管理，学生必须按照要求修完规定的学分才能毕业。教学质量监控纳入学校督导管理系统及企业员工培训考核管理体系。

（1）校企共同组建现代学徒制教学管理组织协调机构，配合教务处、二级学院（系部）对日常教学运行及课程建设进行管理和监控，及时解决教学中出现的问题。

（2）教务处、督导室不定期组织人员到企业进行现场听课、组织学生座谈、查阅教学文件和相关记录，开展评教评学活动。

（3）企业进行定期和不定期的岗位巡视，检查学徒学习情况，及时反馈教学中出现的问题。

（4）建立网络质量监控系统，通过网络获取教学组织实施、学生学习、课程考核等信息，对课程教学效果和质量进行评价及反馈。

十四、毕业要求

二年制应取得 90 以上学分，三年制应取得 120 以上学分，所修课程考核合格。鼓励学生考取高级美容师等证书。

十五、其他

现代学徒制是教育界与产业界的"双向跨界"教育。"校企合作、工学结合、产教融合""做中学、学中做"是职业教育"跨界教育"的鲜明表现形式。基于协同发展，校企一体，共同推进实施现代学徒制试点，无论是"先招工后招生"，还是"招生即招工",首先要让学生充分了解现代学徒制培养模式,了解合作企业文化、职业岗位及职业生涯规划,在了解的基础上,在学生与企业彼此认可的情况下,签订三方协议(学校—企业—学生或家长),明确三方的责权。

附录:开发团队

(一)行业企业专家团队

表 2-41 行业企业专家团队

序号	姓名	工作单位	职称、职务
1	叶秋玲	广东卫生职业教育协会医学美容产教联盟	执行理事长
2	龚 磊	香港雅姬乐集团有限公司	执行董事长
3	申泽宇	香港雅姬乐集团有限公司	教学学院院长
4	白 茹	香港雅姬乐集团有限公司	培训学校校长
5	潘菲菲	香港雅姬乐集团有限公司	人力资源总监
6	罗 慧	香港雅姬乐集团有限公司	市场品牌总监
7	谢少坤	香港雅姬乐集团有限公司	培训讲师
8	傅润红	广东伊丽莎白美容健身有限公司	人力资源总监
9	赵 晏	广东伊丽莎白美容健身有限公司	培训总监
10	陈 敏	广东伊丽莎白美容健身有限公司	培训经理
11	廖美玲	广东伊丽莎白美容健身有限公司	伊丽莎白学校校长
12	何卫勤	广东伊丽莎白美容健身有限公司	伊丽莎白培训讲师
13	胡海妹	深圳百丽雅美容有限公司	人力资源总经理
14	张翠兰	深圳百丽雅美容有限公司	技术培训经理
15	林曼华	深圳荷花经典美容有限公司	总经理
16	张莹莹	深圳荷花经典美容有限公司	培训讲师
17	俞文兴	广州美莱美容医院	人力资源总监
18	韦 昊	广州美莱美容医院	培训经理
19	陆敏婷	广州美莱美容医院	护理师
20	宋 倩	上海美丽田园美容发展有限公司	人力资源总监
21	何艳彬	珠海香薰美容服务有限公司	人力资源总监
22	高 菲	珠海纯真香薰美容服务有限公司	培训经理

（二）学校教师团队

表 2-42　学校教师团队

序号	姓名	工作单位	职称、职务
1	吴　琼	清远职业技术学院	高级讲师、专业负责人
2	冯小军	清远职业技术学院	副教授、高职研究所副所长
3	王家龙	清远职业技术学院	主治医师、专业教师
4	陈秀虎	清远职业技术学院	副教授、专业教师
5	黄拥军	清远职业技术学院	副教授、专业教师
6	黄雪群	清远职业技术学院	讲师、专业教师
7	黄惠安	清远职业技术学院	医师、专业教师
8	廖黔霖	清远职业技术学院	助教、专业教师
9	郑　艳	清远职业技术学院	讲师、二级学院教学管理负责人
10	徐雪冬	清远职业技术学院	高级讲师、教研室主任
11	张秀丽	天津医学高等专科学校	副教授、专业主任
12	熊　蕊	湖北职业技术学院	副教授、专业负责人
13	李华英	广州卫生职业技术学院	讲师、专业负责人
14	李道婷	湛江中医学校	高级讲师、系主任
15	程文海	江门中医药学校	主任医师、校长
16	孙　晶	白城医学高等专科学校	医学美容专业负责人
17	徐　玲	四川卫生康复职业学院	医学美容专业负责人

范例二：现代学徒制应用电子技术专业教学标准

一、专业名称及代码

应用电子技术（专业代码：610102）

二、招生对象

应、往届高中毕业生，应、往届中职毕业生，中高职衔接转段考核合格的中职学校电子技术应用专业等相关专业的正式学籍学生。

三、基本学制与学历

（一）学制

全日制二年（面向中职电子技术应用、电子与信息技术、电气运行与控制、通信技术等专业学生，电子研发、制造等企业相关岗位员工，即有专业基础及工作经历）或全日制三年。

（二）学历

学习合格取得专科学历。

四、培养目标

本专业坚持立德树人，培养与我国社会主义现代化建设要求相适应，德、智、体、美、劳全面发展，面向电子信息产品研发制造行业，既能从事产品开发、生产管理、过程开发、调测校验及运营管控等工作，又能胜任 SMT 技术员、生产工艺员、班组长及拉长等学徒岗位工作，具备熟练掌握电子专业基础知识、现代电子产品生产工艺技术、质量认证体系，能够操控和维护现代电子产品生产加工设备，具有单片机应用开发技术及 PCB 板设计与绘制技能，具有良好的科学文化素养、职业道德及创新意识的发展型、复合型和创新型的技术技能人才。

五、培养方式

学校和企业联合招生、联合培养、校企双主体协同育人。职业院校承担系统的专业知识学习和基础技能训练；企业通过师傅带徒弟的形式，依据校企联合制定的本专业"现代学徒制"人才培养方案进行企业真实岗位技能训练，真正实现校企双师轮流训教，工学交替，岗位成才。教学任务由学校教师和企业师傅共同承担，形成双导师制。

六、职业面向及接续专业

（一）职业生涯发展路径

表 2-43　应用电子技术专业职业生涯发展路径

发展阶段	学徒岗位	就业岗位					学历层次	一般发展年限	
		产品开发	过程开发	测调校验	运营管控	生产管理		高职	现代学徒制
Ⅵ	技术总监、部门经理	资深工程师	资深工程师	资深工程师	总经理	总经理	本科	13 年以上	12 年以上
Ⅴ		主任工程师	主任工程师	主任工程师	主管/经理	制造部门经理	高职/本科		
Ⅳ	工程师、主管	工程师	工程师	QE/QMS/计量工程师	生控员/采购员	车间主管	高职/本科	8~13	6~12
Ⅲ	工艺员、助理师、线长	*助理师	*工艺员/PE	高级检验员	排产员/跟单员	*线长	中职/高职	3~8	2~6
Ⅱ	技术员、班组长、物料员	技术员	*技术员	检验员	*物料员/仓管员	*班组长	中职/高职	1~3	0~2
Ⅰ		—	技能工	技能工	技能工	技能工	中职	0~1	—

注："*"为高职现代学徒制的目标岗位。

（二）面向职业范围

表 2-44　应用电子技术专业面向职业范围

序号	对应职业（岗位群）	学徒目标方向	职业资格证书和职业技能等级证书
1	产品开发	产品开发助理工程师、产品开发工程师	（1）可编程控制系统设计师； （2）电子产品制版工（高级、技师、高级技师）。

续上表

序号	对应职业（岗位群）	学徒目标方向	职业资格证书和职业技能等级证书
2	过程开发	技术员、工艺工程师	(1) SMT 工程师； (2) 电子设备装接工（SMT）（高级、技师、高级技师）； (3) 印制电路检验工。
3	测调校验	调试员、质检员，内审员、产品维修工程师、质量认证师	(1) 质量认证管理体系内部审核员资格证书； (2) 无线电调试工（高级，技师，高级技师）
4	运营管控	物料采购员、物料调配员、项目经理	(1) 质量认证管理体系内部审核员资格证书； (2) SMT 助理工程师，SMT 工程师
5	生产管理	生产班组长、车间主任、生产厂长	(1) 质量认证管理体系内部审核员资格证书； (2) SMT 助理工程师，SMT 工程师

1. 产品开发工程师

对开发任务进行功能、使用环境、安全法规及经济性评估，设计方案制定、会审及编制可行性报告，电路设计、制版、样品试制、调试、性能指标检测并制作检测报告、送样、整改，完善设计资料、试产技术支持，技术资料整理移交、量产技术支持。

2. 工艺工程师

生产可行性评估，制程异常分析，生产流程设计、工序评估调整、SOP 制作、制程工艺标准制定、工艺文件核签发文，产能评估，工具设计制作，制程仪器调试维护，可制造性评估，关键工艺研究、装配流程分析、产品成本分析，制程工艺开发，产品试产验证，效率、工艺提升改善。

3. 调试员、质检员，内审员

检验标准制定、巡检、产品检查、仪器管理，可靠性测试，供应商品质管理，产品功能测试评估，产品测试开发验证，测试效率提升，异常处理，成品检修。

4. 物料采购员、物料调配员

制定物料需求计划、供应商定点、定价及样品确认、下发采购清单、物料齐套跟进及异常处理，物料收发配送、物料存储盘点，制作生产指令单、跟进物料配送进度、查验生产情况。

5. 生产班组长

领悟作业指导书、领料、检测生产设备、作业环境点检、核对 BOM 表、制作首件、装配、焊接、操作及半成品检修，质量管理、安全生产、生产人员管理、现场管理，工艺培训，产品包装。

（三）接续专业

本科：电子科学与技术、电子信息工程。

七、人才规格

1. 职业素养

表2-45　应用电子技术专业职业素养

职业素养	合作企业要求
（1）具有良好的道德品质、遵纪守法、吃苦耐劳、爱岗敬业。 （2）具有安全生产知识和责任意识，保证工作质量。 （3）具有良好的团队合作精神和人际交往能力，具备较强的工作执行能力，高效完成工作。 （4）具有良好的节能环保意识，并贯穿工作始终。 （5）善于学习，具有分析和处理问题的能力	（1）具备正确运用语言文字，获取客户信息，并能独立组织工作会议。 （2）具有全局观念、保守秘密及安全意识。 （3）明确自己在团队工作任务中的角色和责任。 （4）具备按照工作任务要求，合理制定工作目标和计划，能够运用专业知识，解决工作中出现的较复杂的问题。 （5）能够按照工作流程，协调各方资源完成工作内容，及时收集、核对工作任务进展信息，发现问题及时做出调整和决定。 （6）能够自觉跟踪、吸收本岗位的新知识、新技术，并运用到实际工作中

2. 专业能力

表2-46　应用电子技术专业专业能力

专业能力	合作企业要求（产品开发岗）
（1）能够识别与检测电子元器件，正确使用电子仪器仪表。 （2）能够运用CAD软件正确绘制电路原理图及PCB图。 （3）能够识读电路图，正确选用器件或模块电路实现整体功能。 （4）能够编制电子产品生产工艺文件，正确操控设备，并进行生产岗位组织管理。 （5）能够应用单片机技术设计智能电子产品。 （6）熟悉产品质量认证体系及行业技术标准	（1）掌握环保安规及行业设计标准。 （2）会使用设计软件等工具，能够对设计方案潜在失效模式进行评估。 （3）能够控制产品开发成本。 （4）具备对设计方案的可制造性、工艺性及可测试性进行评估。 （5）具备分析、设计及整改设计方案电路的能力。 （6）能够完成样机制作和整改。 （7）按客户要求形成规范、完整的产品开发设计资料

八、典型工作任务及职业能力分析

根据本专业产品开发工程师、工艺工程师、调试员、质检员、内审员、物料采购员、物料调配员、生产班组长等目标岗位,运用头脑风暴及统计分析等方法,开展行业企业专家研讨,获得11个典型工作任务,以及43个工作项目、146个工作任务、658条职业能力点。典型工作任务(见表2-47),职业能力分析表见附录(略)。

表2-47 应用电子技术专业典型工作任务一栏表

序号	典型工作任务	工作项目及职业能力要求	备注
1	开发任务评估	01-01-01、01-01-02、01-01-03、01-01-07	详见附录岗位职业能力分析表
2	可行性分析	02-02-01、02-02-04、02-04-03、03-01-01、03-01-02、03-01-04、03-01-05、03-01-08、03-01-10、03-01-13、03-01-14、03-02-01、03-02-02、03-03-01、03-03-02、03-03-03、03-03-04、03-03-05、03-03-06、03-04-03、03-05-01、03-05-02、03-05-03、03-05-04、03-06-01、03-06-02、03-06-05	
3	制程异常的分析	07-01-01、07-01-02、07-01-03、07-01-04、07-01-05	
4	工具的设计制作	10-01-02、10-01-04、10-02-03、10-02-04、10-02-05	
5	制程仪器的调试维护	11-01-01、11-01-02、11-01-03、11-03-02、11-03-03	
6	制程工艺开发	13-01-01、13-01-02、13-01-03、13-01-04、13-02-02、13-03-01、13-03-02、13-03-03、13-03-04、13-03-05、13-03-06、13-04-01	
7	供应商品质管理	19-01-01、19-01-02、19-01-03、19-01-05、19-02-01、19-02-03、19-02-05、19-03-01、19-03-02	
8	产品测试开发	21-01-01、21-01-04、21-01-05、21-01-08、21-01-09、21-01-10、21-02-06、21-02-07、21-02-14、21-02-15、21-02-16	
9	生产准备	26-01-01、26-01-02、26-02-01、26-03-01、26-03-02、26-04-02、26-05-01、26-06-01、26-07-01	
10	装配	27-01-01、27-02-01、27-02-02、27-02-03、27-02-04、27-03-02、27-04-02、27-04-04、27-04-05、27-05-01、27-05-02	
11	生产过程管理	31-01-01、31-01-03、31-01-05、31-02-01、31-03-02、31-03-03、31-03-04、31-04-01、31-04-05	

九、课程结构

本专业的课程体系建构是根据现代电子信息产品研发、制造类企业产品开发、过程开发、调测校验、运营管控及生产管理主要岗位群所需知识、能力及素质要求，由公共基础课程模块和专业课程模块构成；专业课程模块又由专业技术技能课程、学徒岗位能力课程和专业拓展课程模块组成。

表 2-48 应用电子技术专业高职学段课程结构

课程模块		课程名称	课程性质
公共基础课程		思想品德修养与法律基础	必修课
		毛泽东思想和中国特色社会主义理论体系概论	必修课
		形势与政策	必修课
		高等应用数学	必修课
		大学英语	必修课
		计算机应用基础	必修课
		体育	必修课
		就业指导与职业生涯设计	必修课
		创新创业基础	必修课
专业课程	专业技术技能课程	电路与电工技术	必修课
		电子电路调试与应用	必修课
		电子电路绘图与制版	必修课
		C 语言程序设计	必修课
		传感器技术与应用	必修课
		PLC 可编程控制器应用技术	必修课
		单片机应用系统设计与调试	必修课
		毕业设计或毕业论文	必修课
	学徒岗位能力课程	电子产品物料种类与标准	限选课
		电子产品印刷技术与实践	限选课
		SMT 贴片技术与实践	限选课
		电子产品焊接技术与实践	限选课
		电子产品检测技术与实践	限选课
		电子产品工艺编制技术与实践	限选课
		ISO 9000 认证与产品质量管理	限选课
	专业拓展课程	由学校自行设置，不低于 6 学分。	任选课

十、课程内容及要求

1. 公共基础课程

表2-49 应用电子技术专业高职学段公共基础课程

序号	课程名称	主要教学内容和要求	参考学时
1	思想品德修养与法律基础	本课程是高校大学生进行思想道德和法制观念教育的必修课,通过该课程的理论学习和实践体验,帮助大学生形成正确的理想信念,弘扬爱国主义精神,确立正确的人生观和价值观,加强思想品德修养,增强学法守法用法的自觉性,全面提高思想道德素质和法律素质,使之成为品学兼优的社会主义现代化建设应用型人才。	72
2	毛泽东思想和中国特色社会主义理论体系概论	本课程主要对学生进行中国特色社会主义理论与实践教育,使学生能够正确地理解和掌握毛泽东思想、中国特色社会主义理论的科学体系、精神实质和立场、观点、方法,树立建设中国特色社会主义的坚定信念,培养运用马克思主义的立场、观点和方法分析和解决问题的能力,增强执行党的基本路线和基本纲领的自觉性和坚定性,积极投身全面建设小康社会的伟大实践。	72
3	形势与政策	本课程通过了解国际、国内形势,使学生全面正确认识党和国家面临的形势和任务,正确认识世情、国情、党情,正确理解并拥护党的路线、方针和政策;增加学生的爱国主义责任感和使命感,不断提高学生的爱国主义和社会主义觉悟;增强实现改革开放和社会主义现代化建设宏伟目标的信心和社会责任感,提高当代大学生投身于国家经济建设事业的自觉性和态度,明确自身的人生定位和奋斗目标。	36
4	高等应用数学	通过本课程各个环节的教学,使学生获得必需的数学知识,逐步培养学生的抽象思维能力、逻辑推理能力、空间想象能力和自学能力。主要内容包括函数、极限、连续、一元函数微分学、一元函数积分学,向量代数与空间解析几何学,多元函数微分学,多元函数积分学,无穷级数与常微分方程等。为学习后继课程和进一步获得数学知识奠定必要的数学基础。	72
5	大学英语	本课程以培养学生实际应用英语的能力为目标,侧重职场环境下语言交际能力的培养,使学生逐步提高用英语进行交流与沟通的能力。同时,使学生掌握有效的学习方法和策略,培养学生的学习兴趣和自主学习能力,提高学生的综合文化素养和跨文化交际意识,为提升学生的就业竞争力及未来的可持续发展打下必要的基础。	144

续上表

序号	课程名称	主要教学内容和要求	参考学时
6	计算机应用基础	学习计算机基础知识、Windows 桌面操作系统的功能及使用、办公软件的使用、计算机网络的基础知识及使用。通过学习，掌握计算机操作的基本技能，具有常用的文字处理能力、常用的数据处理能力和一定的演示文稿处理能力，具有一定的信息获取、整理、加工能力和网上交互能力，为以后的学习和工作打下基础。	72
7	体育	本课程的目标是全面锻炼学生的身体，增强体质，使学生掌握体育基本知识、技术、技能，培养终身体育锻炼的能力和习惯。通过本课程的学习和训练，使学生了解体育锻炼的原则与方法，常见运动损伤的预防与处理，具有一定的体育文化欣赏能力；掌握两项以上体育运动项目的基本知识、技术、技能；增强体质，促进身心健康，培养吃苦耐劳、勇敢顽强的意志品质。养成终身体育锻炼的能力和习惯，健康体质测试标准合格。 本课程以身体练习为主要手段，通过合理的体育与健康教育和科学的体育锻炼过程，达到增强体质、增进健康和提高体育素养为主要目标。课程主要涉及体育与健康的基本理论、田径、球类、武术、运动保健等内容，通过学习，学生掌握各专项运动的基本知识、技术和技能；加强身体全面训练，改善身体形态、机能，提高学生的身体素质和运动能力，增进健康；掌握科学锻炼身体的方法和保健养生及运动损伤预防常识。	72
8	就业指导与职业生涯设计	本课程是关于职业启蒙、职业目标、职业意识、求职技巧和创业准备的应用型课程，教学目的是培养学生的社会能力和方法能力，提高其可雇用能力。让学生理解职业与成才的关系、理解职业生涯设计的意义和基本内容，让学生学会认识自己和社会，初步完成职业生涯设计；让学生初步形成职业意识，学会初到企业的通用的行为规范，学会处理企业中的人际关系；让学生初步学会求职申请和面试的基本技巧。	36
9	创新创业基础	本课程通过理论讲授与案例分析相结合、小组讨论与角色体验相结合，使学生掌握开展创新创业活动所需要的基础知识和基本理论，熟悉创新创业的基本流程和基本方法，激发学生的创新创业意识和企业家精神，提高学生的社会责任感、创新精神和创业能力，促进学生创业、就业和全面发展。	36

2. 专业技术技能课程

表 2-50 应用电子技术专业高职学段专业技术技能课程

序号	课程名称	对接典型工作任务和职业能力	主要教学内容和要求	参考学时
1	电路与电工技术	典型工作任务： 4、5 职业能力： 01-01-03、 07-01-02、 10-02-03、 10-02-04、 11-01-02、 11-01-03、 11-03-02、 26-04-02	教学内容： （1）电路的基本概念和直流电路分析。 （2）正弦稳态电路的分析。 （3）三相交流电路。 （4）一阶电路的暂态分析。 （5）磁路与变压器。 （6）三相交流电动机典型控制电路。 （7）常用电工工具与仪表的使用。 教学要求： （1）能够熟练运用基尔霍夫定律并对电路进行分析计算。 （2）会分析计算交流电路元件的电量，包括功率与功率因数。 （3）能够在供电系统中连接负载和分析计算负载的电压、电流、功率，掌握安全用电措施。 （4）理解一阶电路的暂态过程。 （5）掌握变压器的结构和工作原理，能够正确使用变压器。 （6）能够正确连接安装三相异步电动机典型控制电路。 （7）能够正确使用电工仪表对电路各电量进行测量	72
2	电子电路调试与应用	典型工作任务： 4、5、8 职业能力： 03-01-01、 03-01-04、 03-01-08、 03-02-01、 03-02-09、 03-05-08、 03-06-01、 03-06-03、 07-01-01、 07-01-02、 07-01-03、 10-02-03、 11-03-02、 20-01-04、 21-01-08、 21-02-04、 21-02-07、 21-02-11	教学内容： （1）直流稳压电源的设计与制作。 （2）分立元件助听器的设计与制作。 （3）集成前置放大电路的设计与制作。 （4）50W 音频功率放大器的制作与调试。 （5）两位二进制数值比较器的设计与制作。 （6）24 秒倒计时电路的设计与制作。 教学要求： （1）掌握各类分立元件及集成电路的性能、参数、使用方法及工作原理。 （2）能够识读和分析各类电子产品电路工作原理图。 （3）能够用仿真软件进行电路设计仿真，分析并改进设计方案。 （4）能够正确使用仪器仪表对各类电路进行测试、调整和改进。 （5）能够根据要求设计、制作出功能完备的电子作品	180

续上表

序号	课程名称	对接典型工作任务和职业能力	主要教学内容和要求	参考学时
3	电子电路绘图与制版	典型工作任务：2 职业能力： 02－02－04、 03－01－01、 03－01－02、 03－01－10、 03－01－13、 03－01－14、 03－04－03、 07－01－04、 07－01－05、 21－02－06	教学内容： （1）原理图的规范化设计。 （2）印刷电路板的设计标准及手工制作。 （3）低频线路板设计。 （4）模数混合线路板设计。 （5）多层线路板设计。 教学要求： （1）能够熟练操作软件绘制各类图纸，并能根据需要修改、制作、添加各类元件符号和元件封装。 （2）能正确设置绘图参数，能根据要求进行手动布局、布线，按照工艺要求完成 PCB 板的自动、手动设计。 （3）能根据实物绘制原理图、印制板图，能提供各种技术文档。 （4）能够运用热转印法，手工制作单面 PCB 板并组装、调试制作的电子产品	72
4	C 语言程序设计	典型工作任务：2 职业能力： 03－03－03、 03－03－06、 03－03－07、 03－03－08、 43－06－01、 43－12－02、 43－12－03、 43－12－04	教学内容： （1）C 语言编程基础知识。 （2）C 程序基本语法规范。 （3）C 语言程序设计的顺序、分支结构的认知与应用。 （4）C 程序程序设计的循环结构设计。 （5）数组、指针的定义与使用。 （6）函数、变量的定义与使用。 （7）结构体与共用体的定义与使用。 教学要求： （1）掌握 C 语言的书写格式及开发环境。 （2）掌握常量、变量、运算符及各种表达式规则。 （3）掌握逻辑运算、条件运算及各种语句的表达方式及使用。 （4）掌握一维、二维数组，字符串及字符串函数使用方法。 （5）掌握指针、函数、变量的使用方法。 （6）掌握结构体类型及枚举类型常用形式和使用方法	54

续上表

序号	课程名称	对接典型工作任务和职业能力	主要教学内容和要求	参考学时
5	传感器技术与应用	典型工作任务： 2、4、5 职业能力： 01－01－02、 01－01－03、 02－02－02、 02－03－02、 02－04－03、 03－01－06、 03－01－10、 03－01－12、 03－04－03、 03－06－01、 03－06－02、 03－06－05、 10－02－02、 10－02－04、 21－03－06	教学内容： （1）非电量的检测方法、手段。 （2）常用传感器的组成、功能、基本工作原理及性能特点。 （3）数据采集常用接口电路及信号处理技术。 （4）使用 LabVIEW 进行数据采集与分析。 （5）使用 MCGS 组态软件进行数据采集与分析。 教学要求： （1）能使用 LabVIEW 软件和 MCGS 组态软件进行数据采集与分析。 （2）熟悉和掌握数据采集与处理技术系统的整体结构与组成、数据采集系统的软件设计。 （3）能够独立设计和调试数据采集检测系统工程项目	72
6	PLC 可编程控制器应用技术	典型工作任务： 2、5 职业能力： 01－01－02、 02－02－01、 02－04－03、 03－01－04、 03－01－05、 03－03－01、 03－06－01、 06－01－02、 17－04－03、 21－02－06	教学内容： （1）可编程控制器的系统构成与工作原理。 （2）可编程控制器的基本指令。 （3）可编程控制器的程序设计。 （4）可编程控制器的功能指令。 （5）可编程控制器的通信。 （6）触摸屏、变频器的应用。 （7）可编程控制系统综合设计。 教学要求： （1）熟悉可编程控制器的结构和工作原理；掌握三菱 FX（2N）系列可编程控制器的性能指标及硬件安装。 （2）掌握 FX（2N）系列可编程控制器的基本编程指令的应用。 （3）掌握经验设计法及顺序控制设计法与顺序功能图。 （4）掌握可编程控制器的程序流转控制功能指令、传送与比较、算术和逻辑运算、数据处理、外部 I/O 设备等功能指令的运用。 （5）掌握 PLC 特殊功能模块应用及数据通信设置。 （6）掌握触摸屏、变频器的设置及应用	90

续上表

序号	课程名称	对接典型工作任务和职业能力	主要教学内容和要求	参考学时
7	单片机应用系统设计与调试	典型工作任务：2、4 职业能力： 01－01－02、 02－02－01、 03－01－01、 03－01－04、 03－01－08、 03－02－06、 03－03－01、 03－03－03、 03－03－05、 03－03－06、 03－05－06	教学内容： （1）单片机的结构与原理。 （2）单片机并行I/O端口的应用。 （3）单片机的中断系统。 （4）单片机的定时/计数器。 （5）单片机的显示与键盘接口技术。 （6）单片机的通信技术。 （7）单片机系统扩展。 教学要求： （1）能够根据项目要求进行整体方案设计，绘制出硬件线路图。 （2）根据控制要求对工作任务进行分析并对功能模块设计相应算法，能够绘制出程序流程图。 （3）能够熟练使用汇编或C语言根据程序流程图编写程序，能够使用仿真软件或仿真工具对所编写的程序进行调试和修改。 （4）能够正确使用相应的仪器仪表检测硬件调试中出现的故障并解决	90

3．学徒岗位能力课程

表2－51　应用电子技术专业高职学段学徒岗位能力课程

序号	课程名称	对接典型工作任务和职业能力	主要教学内容和要求	参考学时
1	电子产品物料种类与标准	典型工作任务：1、9 职业能力： 01－01－07、 03－01－02、 03－02－04、 03－04－03、 21－02－06、 26－05－01、 33－01－01、 33－03－03、 35－02－01、 36－02－01、 36－03－02、 40－01－01、 41－01－02、 43－01－03	教学内容： （1）电子元器件种类、型号、规格及参数。 （2）区分及识读电子元器件的方法。 （3）电子产品物料编码及管理。 （4）物料员岗位规范。 教学要求： （1）识读并正确应用芯片/元件/器件/模块等材料的规格书（Datasheet）。 （2）能核对BOM表，精通常用物料的种类、型号及规格。 （3）能对物料进行分类、统计并录入管理系统。 （4）熟悉物料采购、检验、配送和收发流程	36

续上表

序号	课程名称	对接典型工作任务和职业能力	主要教学内容和要求	参考学时
2	电子产品印刷技术与实践	典型工作任务： 1、2、3、4、5、6 职业能力： 01-01-07、 03-05-01、 03-05-03、 05-01-01、 13-03-02、 13-03-08、 15-01-01、 24-01-01、 24-01-02、 26-04-03、 27-05-02	教学内容： （1）印刷工艺流程。 （2）模板和刮板。 （3）印刷设备种类、结构及特点。 （4）印刷机工艺参数设置。 （5）点胶和印胶技术。 （6）印刷异常分析。 教学要求： （1）能根据产品要求设计并制作印刷模板。 （2）能根据产品情况点胶或印胶电子线路板。 （3）能根据产品生产要求设置印刷机工艺参数。 （4）能操控印刷设备对电子产品进行锡膏印刷。 （5）能识别产品印刷缺陷并进行故障处理	108
3	SMT贴片技术与实践	典型工作任务： 1、2、3、4、5、6 职业能力： 01-01-07、 26-01-01、 26-01-02、 26-03-01、 26-03-02、 26-05-01、 26-06-01、 26-06-02、 27-01-01、 27-01-02、 27-01-04、 27-05-02、 27-05-06	教学内容： （1）贴片机分类与结构。 （2）贴片机的主要技术参数。 （3）贴片机视觉系统。 （4）贴片机编程。 （5）贴片机常见故障及解决方法。 教学要求： （1）能够进行电子产品贴片工艺生产。 （2）能根据产品生产要求设置贴片机工艺参数。 （3）能根据产品生产要求编制贴片工艺程序。 （4）能识别产品贴片缺陷并改正贴片工艺。 （5）能够判断贴片设备故障并检修	108

续上表

序号	课程名称	对接典型工作任务和职业能力	主要教学内容和要求	参考学时
4	电子产品焊接技术与实践	典型工作任务： 1、2、3、4、5、6 职业能力： 03-02-02、 03-05-01、 03-05-02、 03-05-03、 03-05-04、 13-03-08、 24-01-01、 24-01-02、 27-02-01、 27-02-02、 27-02-03、 27-02-04	教学内容： （1）回流焊机的结构及工作原理。 （2）回流温度曲线和焊接工艺设置。 （3）回流焊接缺陷分析和处理办法。 （4）波峰焊的结构及工作原理。 （5）波峰焊工艺控制。 （6）通孔回流焊的特点。 （7）通孔回流焊工艺。 （8）焊接异常分析及故障处理方法。 教学要求： （1）能够根据电子产品生产要求正确设置焊接设备温度曲线及工艺参数。 （2）能够正确操作焊接设备对产品进行焊接。 （3）能够分析产品焊接缺陷并进行问题解决	108
5	电子产品检测技术与实践	典型工作任务： 1、2、3、4、5、8 职业能力： 07-01-02、 10-02-03、 11-03-02、 21-01-01、 21-01-02、 21-01-03、 21-01-04、 21-01-05、 21-01-06、 21-01-07、 21-01-10、 21-01-12、 22-02-01、 22-02-02、 22-02-03	教学内容： （1）电子产品检测工具、仪器仪表及设备类型。 （2）AOI设备工作原理及使用标准。 （3）ICT测试机工作原理及测试方法。 （6）飞针测试与边界扫描测试。 （7）X射线基本测试原理。 （8）电子产品质量控制及检验标准。 （9）问题分析处理与测试报告撰写	108

续上表

序号	课程名称	对接典型工作任务和职业能力	主要教学内容和要求	参考学时
5	电子产品检测技术与实践	22-02-04、22-03-01、22-03-02、22-03-03、22-03-04、22-03-05、22-04-01、22-04-05、22-05-02	教学要求： （1）能够根据产品正确选择检测工具或设备进行检测方法设计。 （2）能够正确操作检测工具或设备对产品进行检测。 （3）能够应用检验标准对产品进行质量控制并对故障产品进行修复	108
6	电子产品工艺编制技术与实践	典型工作任务：9、10、11 职业能力： 02-03-04、02-04-03、08-01-03、08-03-03、08-05-01、13-03-01、13-03-02、13-03-04、14-01-04、14-02-06、15-01-02、15-02-04、15-03-04、23-01-05、24-01-02、43-03-02、43-04-02	教学内容： （1）电子产品生产线总体设计原则。 （2）电子产品生产设备安装类型及产品工艺流程。 （3）工艺文件设计原则。 （4）工艺难点分析。 （5）工艺文件更改原则。 （6）工艺文件现场指导方法。 教学要求： （1）能够根据产品技术要求进行工艺文件设计。 （2）能够正确编制产品工艺文件。 （3）能够进行工艺文件改进及现场生产指导	144

续上表

序号	课程名称	对接典型工作任务和职业能力	主要教学内容和要求	参考学时
7	ISO 9000 认证与产品质量管理	典型工作任务： 7 职业能力： 01－01－01、 01－01－02、 08－05－01、 13－03－01、 19－01－01、 19－01－02、 19－01－04、 31－01－01、 31－01－02、 31－01－05、 43－03－01、 43－05－05、 43－08－02	教学内容： （1）质量管理体系的基本概念及意义。 （2）质量管理体系认证。 （3）ISO 9000 族标准及特点。 （4）八项质量管理原则。 （5）质量管理体系要求与产品要求。 （6）质量管理体系方法、方针及目标。 （7）质量管理体系评价及标准术语。 （8）质量管理体系要求条款。 （9）质量管理体系的建立与实施。 （10）质量管理体系认证及审核。 （11）产品质量认证。 教学要求： （1）能够运用 ISO 9000 质量认证体系知识，对生产现场进行产品质量控制与管理。 （2）能够分析和处理生产过程中出现的质量事故。 （3）具备实施质量管理体系内审员的能力。 （4）能够胜任电子产品质检员、品管员及技术员的工作岗位	54

十一、教学安排

（一）二年制

表 2-52　应用电子技术专业高职学段教学安排（二年制）

课程类别		课程名称	学分	总学时	各学期周数、学时分配				教学场所学时分配		评价方式	说明
					1	2	3	4	学校	企业		
					18	18	18	18				
公共基础课程	必修课	思想品德修养与法律基础	4	72	2	2			54	18	报告	
		毛泽东思想和中国特色社会主义理论体系概论	4	72				4	72		报告	
		形势与政策	2	36	1	1			36		报告	
		高等应用数学	4	72	4				72		笔试	
		大学英语	8	144	4	4			144		笔试	
		计算机应用基础	4	72		4			72		实操	
		体育	4	72	2	2			72		任务考核	
		就业指导与职业生涯设计	2	36	1			1	18	18	报告	
		创新创业基础	2	36	2				18	18	报告	
		已安排课程小计	34	612	16	13	5					
		……	……	……	…	…	…	…				
		小计		650								
专业课程	专业技术技能课程（必修课）	电子电路调试与应用	8	144	4	4			108	36	笔试	
		电子电路绘图与制版	3	54		3			36	18	实操	
		电路与电工技术	3	54	3				36	18	笔试	
		C 语言程序设计	3	54		3			54		机考	
		传感器技术与应用	4	72			4		54	18	笔试	
		PLC 可编程控制器应用技术	4	72			4		54	18	笔试	

续上表

课程类别		课程名称	学分	总学时	各学期周数、学时分配				教学场所学时分配		评价方式	说明
					1	2	3	4	学校	企业		
					18	18	18	18				
专业课程	专业技术技能课程（必修课）	单片机应用系统设计与调试	4	72			4		54	18	机考	
		毕业设计或毕业论文	5	140				28				
		已安排课程小计	34	662	7	10	12	5				
		……	……	……	…	…	…	…				
		小计		800								
	学徒岗位能力课程（限选课）	电子产品印刷技术与实践	4	72	2	2			36	36	业绩考核	
		SMT贴片技术与实践	5	90			2	3	36	54	业绩考核	
		电子产品焊接技术与实践	5	90			2	3	36	54	业绩考核	
		电子产品检测技术与实践	5	90				5	36	54	业绩考核	
		电子产品工艺编制技术与实践	6	108				6	36	72	业绩考核	
		ISO 9000认证与产品质量管理	3	54				3	36	18	任务考核	
		已安排课程小计	28	504		2	6	20				
		……	……	……	…	…	…	…				
		小计		600								
任选课（含专业拓展课程）		……		150～200	…	…	…	…				
合计			大于90	2 000～2 200	22～26	22～26	22～26	28				

（二）三年制

表 2-53 应用电子技术专业高职学段教学安排（三年制）

课程类别		课程名称	学分	总学时	各学期周数、学时分配						教学场所学时分配		评价方式	说明
					1	2	3	4	5	6	学校	企业		
					18	18	18	18	18	18				
公共基础课程	必修课	思想品德修养与法律基础	4	72	2	2					54	18	报告	
		毛泽东思想和中国特色社会主义理论体系概论	4	72				4			72		报告	
		形势与政策	2	36	1	1					36		报告	
		高等应用数学	4	72	4						72		笔试	
		英语	8	144	4	4					144		笔试	
		计算机应用基础	4	72		4					72		实操	
		体育	4	72	2	2					72		任务考核	
		就业指导与职业生涯设计	2	36	1		1				18	18	报告	
		创新创业基础	2	36	2						18	18	笔试	
		已安排课程小计	34	612	16	13	5							
		……												
		小计		650										
专业课程	专业技术技能课程	电子电路调试与应用	10	180	5	5					144	36	笔试	
		电子电路绘图与制版	4	72					4		54	18	实操	
		电路与电工技术	4	72	4						54	18	笔试	
		C 语言程序设计	4	72			4				72		机考	
		传感器技术与应用	4	72				4			54	18	笔试	
		PLC 可编程控制器应用技术	5	90				5			54	36	笔试	
		单片机应用系统设计与调试	5	90				5			54	36	机考	

续上表

课程类别		课程名称	学分	总学时	各学期周数、学时分配						教学场所学时分配		评价方式	说明
					1	2	3	4	5	6	学校	企业		
					18	18	18	18	18	18				
专业课程	专业技术技能课程	毕业设计或毕业论文	5	140					28				任务考核	
		已安排课程小计	41	788	9	9	10		8	5				
		……												
		小计		900										
	学徒岗位能力课程（限选课）	电子产品物料种类与标准	2	36			2				24	12	任务考核	
		电子产品印刷技术与实践	6	108		2	4				36	72	业绩考核	
		SMT贴片技术与实践	6	108		2	4				36	72	业绩考核	
		电子产品焊接技术与实践	6	108		2	4				36	72	业绩考核	
		电子产品检测技术与实践	6	108		2	4				36	72	业绩考核	
		电子产品工艺编制技术与实践	8	144				3	5		54	90	业绩考核	
		ISO 9000 认证与产品质量管理	3	54				3			27	27	任务考核	
		已安排课程小计	37	666			10	19	8					
		……												
		小计		700										
已安排课程合计														
任选课（含专业拓展课程）		……		300~500										在4~5学期内完成
合计			不低于120	2 500~2 700	22~26	22~26	22~26	22~26	22~26	28				

十二、教学基本条件

由于现代学徒制是校企联合培养区域产业急需的高级技术技能型人才，基本上采取工学交替的教学方式，专业理论教学以学校导师为主，岗位实践及实训教学以企业导师为主；教学在双场地实施，合作企业需要提供充足的技术人员承担学徒的岗位实践指导和培养任务，企业还需提供足够的岗位，供学徒顶岗及轮岗实践。

（一）学校条件

1. 学校导师条件

（1）具备全日制普通高等学校电子信息类专业本科或研究生以上学历，并接受过职业教育教学法的培训，具有独立开发职业课程的能力。

（2）从事实践教学的主讲教师应具备电类相关职业资格证书（含高级工）或"双师型"教师；从事辅助教学的实训指导教师要具有 2 年以上企业工作经历，熟悉设备操作。

2. 校内实训室

校内实训必须具备电子产品基础教学、电子产品设计、电子产品调测、智能控制、电子产品生产车间等实训室，主要设施设备及数量如表 2 - 54 所示。

表 2 - 54　应用电子技术专业校内实训条件要求一览表

序号	实训室名称	主要工具和设施设备		
		名称	规格	数量（生均台套）
1	电子产品基础教学中心	直流稳压电源		20 台
		数字示波器	固纬 GDS - 2102A	20 台
		函数信号发生器	固纬 AFG - 2225	20 台
		数字毫伏表		19 台
		电脑		60 台
		单片机编程器		20 台
		单片机仿真器		20 台
		EDA 数字实验箱		10 台
2	电子产品生产车间	数字存储示波器	DS6064	20 台
		直流稳压电源		8 台
		生产线		3 条
		全自动印刷机	GKG G5	1 台
		全自动贴片机	三星 SM482S	2 台

续上表

序号	实训室名称	主要工具和设施设备		
		名称	规格	数量（生均台套）
2	电子产品生产车间	回流焊炉	Genesin-608	1台
		波峰焊炉	FM-350	1台
		AOI光学检测系统	ALD515	1台
		半自动印刷机		2台
		BGA自动返修台		1台
3	智能控制中心	PLC、触摸屏、变频器综合实训台。		25套
		三相异步电动机		5台
		综合实训及控制执行装置		5套
4	电子产品创新创业中心	示波器、信号发生器、电源、交流毫伏表		10套
		DSP、FPGA、单片机开发系统及仿真器		15台
		自动控制设备		1套
		视觉机器人		1台
		能源系统与电力电子教学平台		1台
5	EDA工程中心	FPGA实验箱		31
		CMOS摄像头模块		5
		GPS全球定位模块		5
		GPRS手机模块		5
		电脑		60
6	电子产品设计中心	电子产品设计开发综合实训平台	LY-CPSJ-01	30
7	电子产品调测中心	高精密测试设备、机器人系统、传感器终端等		20套

（二）企业条件

1. 企业导师条件

（1）合作企业提供的企业导师必须具有工程师及以上职称，或管理岗位经理及以上职务，在企业技术研发或生产一线岗位工作至少3年以上；

（2）负责指导实训教学的企业导师必须由资深技师或工程师担任。

2. 岗位培养条件

合作企业必须能够提供配备全自动锡膏印刷机、贴片机、回流焊接机及 AOI 检测设备组成的全自动生产线2条以上，并能提供产品开发、过程开发、调测校验、运营管控及生产管理等主要岗位供学徒顶岗、轮岗实践，顶岗前，需配备企业导师指导学徒跟岗；顶岗、轮岗阶段，企业导师按"专业技能、产品质量、成本意识、纪律性、积极性、合作性及7S执行"等测评指标，对学徒进行考核，考核成绩占学徒岗位能力课程成绩的70%。

十三、教学实施建议

（一）教学要求

公共基础课程在教学过程中，要符合教育部有关教育教学基本要求，针对现代学徒制生源，应注重文化基础课程的教学质量，重在培养学生基本科学文化素养、服务学生专业学习和终生发展，突出"以学生为中心"的理念，强调探究性学习、互动学习、协作学习等多种学习策略，充分调动学生学习积极性，做到学以致用，为学生综合素质的提高、持续学习能力的提升、职业能力的形成和可持续发展奠定基础。

专业课程的教学按照职业岗位（群）的能力要求，强调理实一体化，突出"做中学、做中教"的职业教育教学特色，教学方法上充分运用行动导向教学法，采用任务驱动、项目教学、案例教学等多种教学方法，充分调动学徒学习的自觉性，有效地培养学生逻辑思维能力和解决问题及可持续发展的能力。通过校内理论学习、实操训练、校外顶岗实践学习，不断提高学生的职业技能，满足企业岗位需求。在教学过程中，通过数字化资源、仿真资源的开发与利用，结合实物教学，提高教学质量。

（二）教学组织形式

1. 学校—企业双场地轮流训教

根据现代学徒制人才培养方案课程模块构成及人才培养质量要求，建议第一学年教学、食宿在学校，完成公共素质及专业基础课程教学，以学校导师为主；第二、三学年去企业，教学在学校、企业双场地进行，以企业在岗实践为主；

2. 实施专业理论与岗位技能工学交替的教学模式

去企业后，按周或按月实施工学交替教学，每学期累计不少于1/3时间教授专业理论，约2/3时间在岗实践。专业理论以学校导师为主，在岗实践以企业导师为主。

(三) 学业评价

1. 专业技术技能课程

采用"平时+项目考核(或期末试卷考核)"方式,学生平时的出勤情况、作业情况、课堂回答问题等情况占考核的 20%～40%;项目考核或期末试卷考核占 60%～80%,具体考核比例按课程标准执行,主要由学校导师进行考核;

2. 学徒岗位能力课程

由"过程考核、目标考核、企业顶岗实践考核"构成,过程考核占总评定的 40%,主要考核学徒的学习及实践态度、方案制定及操作执行能力、过程性文件制作整理、安全操作规范等情况;目标考核占总评定的 30%,主要考核学徒专业理论及技能的学习掌握情况;企业顶岗实践考核占总评定的 30%,主要考核学徒在顶岗实践中的岗位技能及职业素养;各项考核由校企双导师共同进行。

(四) 教学管理

现代学徒制班的教学管理过程要具有一定的规范性和灵活性,要能够根据合作企业生产情况,合理地调配校企双导师及双场地的教学资源,充分保证学徒的专业理论及顶岗实践教学顺利进行。

(1) 明确教学任务及分工。学生第二、三学年去企业后,每学期的课程由校企双导师共同教授。根据共同制订的现代学徒制人才培养方案进行开课,明确授课地点及教师,专业理论课程以学校教师为主,在岗实践课程以企业导师为主,充分依托学校及企业资源,教学在双场地合理安排实施。

(2) 学生在岗实践管理。根据企业生产情况及专业理论授课情况,合理安排学生参加在岗实践,以利于学生及时掌握所学理论;在岗实践时,指定专门的企业导师对学生进行指导、考核和管理。

(3) 时间管理。学员在岗实践工作时间,与企业生产员工同作息;上课期间,按照课程表作息时间安排。

(4) 教学运行管理。专业教学部在学校教务处领导下,按学校要求进行成绩、考务、学籍管理等;并有计划地安排督导和专业教师去课堂听课,及时检查校企教师教学进度及授课情况,定期召开学徒座谈会、听取学徒对校企教师的教学反馈,及时指导和调整教学运行。通过建立学徒 QQ 群,及学徒评教情况,实现多层次,全方位的动态管理,以保证教学质量。

(五) 质量管理

1. 学校措施

(1) 建立学院(校)、分院(系)两级督学系统。聘请有丰富教学经验和教学管理经验的老教师、退休的教学管理人员组成校院两级督学小组,实现"督教、督学、督管"。

（2）建立学生课堂教学效果反馈系统。由学校督导室建立全校学生信息员 QQ 群，由学生信息员随时向学校督导反馈教学运行情况；每学期期中，召开学生教学质量座谈会，面对面地反馈教学过程中存在的问题；学期末，由学生会组织学生填写《课堂教学效果反馈表》，对所有上课教师的教学效果进行反馈。

（3）建立网络教学评价反馈系统。每学期，由学校督导、二级学院专业系部、学生在学校教务管理系统上对每位任课教师进行评教打分，并形成最终的教学效果及教学质量评价表，该结果作为教师晋职、评优的重要依据。

2. 企业措施

（1）根据学生在岗实践情况，制定考核标准（考核指标：生产安全、产品质量、成本意识、员工素养、配合度、工作态度等），由企业导师每周对学生在岗实践进行绩效考核并上报给学校。

（2）企业与学校共同定期举行岗位评优，设立各类奖项及评选标准（最佳学员奖、最佳出勤奖、最佳进步奖、最佳敬业奖等），监测学生的成长和发展，提升人才培养质量。

十四、毕业要求

二年制修业年限：二年，最长四年。修满二年制人才培养方案规定学分（大于 90 学分）即可毕业。

三年制修业年限：三年，最长五年。修满三年制人才培养方案规定学分（不低于 120 学分）即可毕业。

第三部分
课程标准编制

第一章 现代学徒制课程标准编写说明

课程标准是衔接专业教学标准和教学组织实施的指导性文件，是课程内容及教材开发的依据，也是教学实施及评价的依据。现提出现代学徒制课程标准基本框架，指导专业技术技能课程、学徒岗位能力课程标准的编写。为进一步提高编写质量，就每一编写内容说明如下。

一、课程名称

课程名称与专业教学标准中的课程设置名称保持一致。

二、适用专业及面向岗位

该课程适用专业，由各专业教师判断，尽可能扩大适用面。说明该课程面向的岗位，岗位是指专业面向的目标岗位之一或之二。

三、课程性质

说明课程的类型及重要性，如专业技术技能课程、学徒岗位能力课程、必修课程等。说明课程教学方式，即是属于学校课程、企业课程还是校企合作完成课程。

四、课程设计

专业课程可依据工作过程即工作任务的活动水平或重要性程度进行设置，也可依据专业知识体系即基本理论与技能进行设置。它们是学生进入专业面向基本岗位前必须学习的课程。如按工作过程来设计课程结构，应列出基于工作过程的设计思路；如按知识体系来设计课程结构，应列出基于知识学习过程的设计思路。专业技术技能课程设计要注意课程各个环节之间的逻辑联系，要改变传统的以知识为依据设置课程的方法，依据工作领域（过程、任务）进行课程设置，在课程内容与工作任务、职业能力之间建立清晰的联系。

五、课程教学目标

课程教学目标是指预期的学习结果，即期望学生学习某门课程后能达到的职业能力水平。职业教育课程的主要目标是培养职业能力，因而应突出对工作知识、技能、态度的学习和养成。制定目标时应注意：①课程目标是指学习结果而不是教学活动。②课程目标的达成主体是学生而不是教师。③课程目标既要依据职业岗位对职业能力的要求，又要考虑学生的学习能力及认知规律。④课程目标的制定不是把职业能力分析中的职业能力简单相加，而是要对职业能力从专业能力、方法能力、社会能力三个维度，或知识、技能、态度三个维度，或专业能力、职业素养两个维度进行归纳、概括。⑤目标采取动宾结构描述，如"能编制车工程序"，基本格式为"能（会）+动词+规范、标准"。

特别提示：应该以学生为主语（可以省略），用动宾结构表述，语句要精炼。目标表述目前有两种分类方式。第一种：专业能力目标、方法能力目标、社会能力目标；第二种：认知目标、能力目标、情感目标。由于按第一种表述方式，难以将方法能力和社会能力分开，所以第二种方式是我们在专业教学设计中常用的分类方式。由各项目组统一全部课程教学目标的表述方式。

六、参考学时与学分

该课程学时和学分与专业教学标准中的"教学安排表"中的相关内容保持一致。

七、课程结构

1. 确定课程结构

专业技术技能课程、学徒岗位能力课程除必要的学科课程外，要尽可能基于工作过程（任务）来设计，要根据该课程对应的工作过程设计若干学习任务（单元、模块），列出每个学习任务对应的职业能力，只要求写职业能力编号。

2. 分析课程内容

课程内容分析指具体分析每条或多条职业能力（甚至一个工作任务、工作项目）形成需要学习的知识、技能和态度。可利用"鱼骨图"（见图3-1）进行分析。分析时，应先分析技能，然后逐条根据技能形成要求分析知识。即先确定要求学生"会做什么"，然后根据"会做什么"确定要求学生"知道什么"。分析课程内容时，除了尽可能地防止遗漏外，要特别注意表达出工作及学习结果。

课程内容从达到每条或多条（甚至一个工作任务、工作项目）职业能力，学生应学习的知识、技能以及应养成的态度三个维度描述。应当仔细地列出每条知识内容，并根据技能形成要求、教育层次和学时容量认真甄选每条知识。不能用"相关知识""基础知识"等概念来表达知识内容。不仅要描述知识、技能的内容，而且要描述知识、技能的学习要求。可采取定量描述，也可采取定性描述。对知识要求的应用层次可以体现在技能中，即知识和技能融为一体表述，如"能按规范的指法要求快速准确进行文字录入，达到每分钟正确击键150次以上"。描述格式一般为"能（会）+动作+规范+操作对象+表现程度"。

特别提示：基于工作过程设计的课程一般要求有鱼骨图，鱼骨图统一作为附件放在每门课程标准的最后。

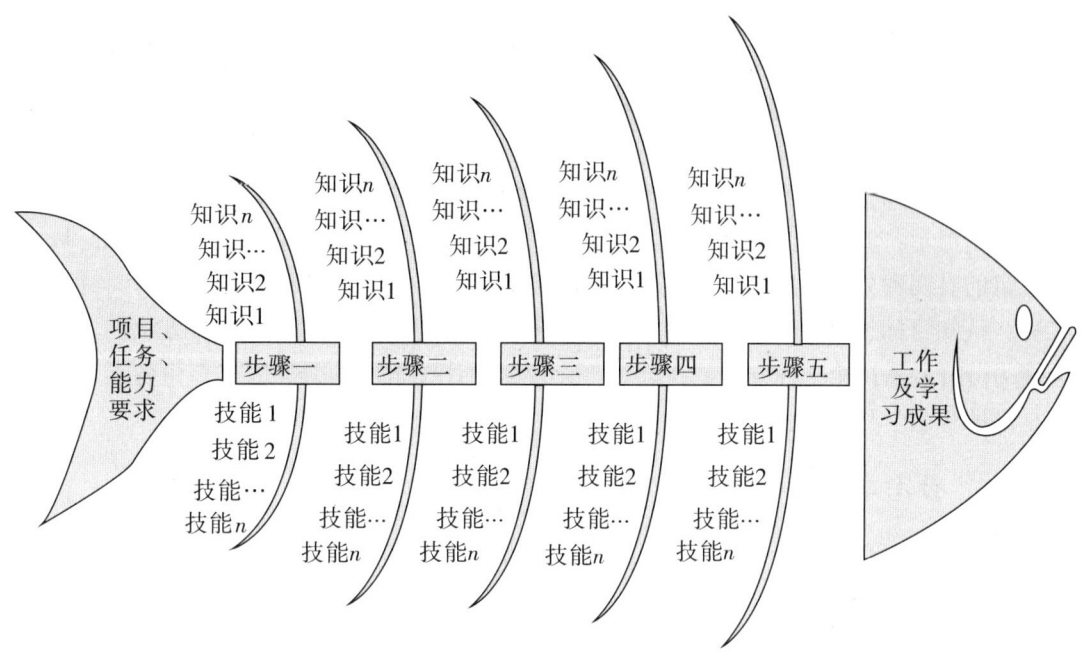

图 3-1　鱼骨图（参考格式）

3. 设计教学活动

设计教学活动时可采取将学习任务分解成若干个教学活动的方式。分解的方式有三种：第一种，按任务完成的过程步骤（环节）分解成若干教学活动。例如会计工作中的"经济业务核算"是一个学习任务，可设计"处理筹资业务""处理采购业务""处理生产经营业务""处理销售业务""处理经营成果业务"五个活动。再如塑料成型工艺与模具设计课程标准中的学习任务"按注射成型工艺与模具设计"，其教学活动可设计为：①分析产品结构、材料特性及其成型工艺；②拟订模具结构方案；③处理产品成型尺寸；④设计模具成型零件；⑤添加模架；⑥设计模具其他结构；⑦绘制模具总装配图；⑧拆画模具零部件。

第二种，设计一组（三个左右）递进式的学习活动。即将学习任务设计成同类且有递进关系的若干个教学活动的方式。如①加工 A 零件；②加工 B 零件；③加工 C 零件。每一个教学活动都要完成该学习任务的全过程，但难度和深度呈递进关系。

第三种，按知识的系统性和逻辑关系，分解成若干教学活动，相当于传统教材的"节"。

4. 学时

课程结构表最后都应有"合计"一栏，且必须与课程标准的"六、参考学时与学分"的学时数一致，并与专业教学标准中的相应课程学时数一致。

八、资源开发与利用（500 字以内）

（一）教材编写与使用

说明教材编写理念、思路、内容、手段等要求，重在写出编写和使用教材的原则性意见。

（二）数字化资源开发与利用

说明数字化资源开发的理念、思路、形式、内容等要求。

（三）企业岗位培养资源的开发与利用

说明对企业培养岗位的教学条件改善与提升、技术创新与研发功能的开发要求等。

九、教学建议（500 字以内）

强化理论实践一体化，在岗培养，学校与企业联合培养，突出"做中学、做中教"的职业教育教学特色，提倡项目教学、案例教学、任务训练、角色扮演、情境教学等方法，利用校内外实训基地，将学生的自主学习、合作学习和教师引导教学等教学组织形式有机结合。

十、课程实施条件（200 字以内）

说明本课程需要的教学环境要求，学校、企业的教学用具、手段、设备等条件支撑。

十一、教学评价（200 字以内）

教学评价应体现评价主体、评价方式、评价过程的多元化，注意需校企共同参与，职业技能鉴定与学业考核结合。评价方式包括：①笔试；②面试；③任务考核；④业绩考核；等等。教学评价要将教师评价、学生互评与自我评价相结合，过程性评价与结果性评价相结合，突出技能竞赛、产品制造、以证代考。教学评价不仅要关注学生对知识的理解和技能的掌握，更要关注知识在实践中运用与解决实际问题的能力水平，重视规范操作、安全文明生产等职业素质的形成，以及节约能源、节省原材料、爱护生产设备、保护环境等意识与观念的树立。

附注：统一在每门课程标准最后以"（撰稿人：……）"的方式列出撰稿人的工作单位和姓名，一般一门课程标准的撰稿人不超过 3 人。

第二章　现代学徒制课程标准基本框架

现代学徒制课程标准基本框架如下：

××××课程标准

一、课程名称

××××

二、适用专业及面向岗位

适用于×××专业（又可适用于×××专业）。面向×××岗位。

三、课程性质

四、课程设计

五、课程教学目标

六、参考学时与学分

七、课程结构

表 3-1 ×××课程结构（参考格式）

序号	学习任务（单元、模块）	对接典型工作任务及职业能力要求	知识、技能、态度要求	教学活动设计	学时
1		例如：05、04-02、10-08-03			
2		…			
…		…			
合　　计					

八、资源开发与利用（500 字以内）

（一）教材编写与使用

（二）数字化资源开发与利用

（三）企业岗位培养资源的开发与利用

九、教学建议（500 字以内）

十、课程实施条件（200 字以内）

十一、教学评价（200 字以内）

（撰稿人：不超过 3 人）

第三章 现代学徒制课程标准范例

范例一：美容美体技术课程标准

一、课程名称

美容美体技术。

二、适用专业及面向岗位

适用于高职医学美容技术专业。面向美容师、美容技术主管、店长等岗位。

三、课程性质

本课程为专业技术技能课程，是一门以培养美容技术操作能力为主的实践课程。课程以中医经络美容知识与技术为基础，与美容师、美容技术主管岗位的典型工作任务对接，涵盖医学美容专业主要就业岗位典型工作任务的核心内容，融入国家美容师职业资格证标准（初级、中级、高级）、行业规范化服务标准、企业美容美体技术标准。课程具有综合性、实践性强的特点，也是医学美容专业的专业核心课程及特色课程。重点培养学生具备运用经络美容基础理论、芳香疗法基础知识进行专业面部护理及身体护理项目操作的实践工作能力。

四、课程设计

（一）设计思路

校企共同开发，基于岗位工作过程典型工作任务的技术操作规范设计学习项目，突出学生美容美体技术操作能力培养。以面部护理、身体护理真实工作任务设计学习情景，如面部皮肤护理、肩颈护理、腰背部护理等，课程内容及考核与国家美容师和芳香保健师职业资格标准要求衔接，教学过程与面部及身体护理流程操作的工作过程衔接，以工学交替、任务训练为主要教学形式，让学生在教师的指导及同学的相互配合下，熟练掌握项目标准流程、操作手法及操作技巧并灵活运用。

（二）内容组织

将完成岗位典型工作任务所需知识及能力与美容师职业资格标准要求相融合，结合岗位职业资格考核，重点组织教学内容。以项目化教学为主要教学形式，教学内容由手法训练、面部护理、肩颈护理等学习项目及若干个学习任务组成。

五、课程教学目标

1．认知目标

（1）了解面部护理常用仪器的使用方法及原理。

（2）了解芳香疗法的功效、精油的基础知识。

（3）熟悉常用穴位的名称定位及取穴方法。

（4）熟悉十二经脉在体表的循行线路及循按方法。

（5）熟悉各类面部及身体护理项目操作流程及规范。

（6）熟悉按摩的原理、注意事项及操作技巧。

2．能力目标

（1）具备按美容美体标准化、规范化实施专业皮肤面部护理、身体护理的操作能力。

（2）能够根据个体差异进行护理手法、产品、仪器的选择与搭配。

（3）常用穴位定位准确、熟练、方法正确。

（4）能够解释主要操作及产品的作用、护理要点，解答顾客疑问。

（5）具备应用芳香精油基础知识指导专业皮肤护理实践的能力。

（6）能够根据身体不同部位和护理目的选择和调配精油。

（7）能循行体表十二经脉线路查找痛症、解释痛症原因，具备与顾客进行专业沟通的能力。

（8）能正确判断皮肤类型，根据各类型皮肤保养及问题进行家居保养指导。

3．情感目标

（1）具有安全责任意识。

（2）服务意识强、体贴周到、耐心细致，关心顾客的感受。

（3）服务流程规范，不使用过期变质产品，不违规操作。

（4）吃苦耐劳，任劳任怨，不斤斤计较。

（5）不泄露客户信息，尊重客户的隐私权。

六、参考学时与学分

二年制

参考学时：108 学时，参考学分：6 学分。

三年制

参考学时：216 学时，参考学分：12 学分。

七、课程结构

表3-2 美容美体技术课程结构

序号	学习任务（单元、模块）	对接典型工作任务及职业能力要求		知识、技能、态度要求	教学活动设计	学时
1	手部训练	03	手部运动训练	（1）熟悉手部灵活性、协调性、力度、服帖度训练方法、动作要领、注意事项。 （2）旋腕、轮指动作协调，关节活动灵活。 （3）美容基本手法操作协调、柔软、有力、服帖	（1）动作表达 （2）任务训练 （3）任务考核 （4）分享：职业妆	22
2	职业妆	01-02-03、48-02-01	淡妆基础知识	（1）了解化妆原理、意义、概念，职业妆妆面特点及要求。 （2）熟悉正确的化妆步骤。 （3）认识化妆工具，认识脸形、眉形及五官美学标准。 （4）熟习化妆手法及技巧		12/48
			化职业妆	（1）化淡妆。 （2）妆面自然、色彩柔和。 （3）能根据不同肤质、肤色和脸形进行适当修饰和调整。 （4）整个妆面清新、自然，眼影、腮红、唇红搭配协调。 （5）根据脸形修眉、画眉		
3	面部美容护理	02-06-03、02-06-04、03-02	面部护理准备	（1）准备用物（毛巾、产品、工具）、准备房间（适宜的灯光、音乐、温度）。 （2）操作准备（消毒，顾客沐浴、更衣、物品存放等）	（1）课堂讲授：操作规范、注意事项、项目考核要求。	40/60
			面部基础护理	（1）简要说明项目效果、操作步骤、使用产品、手法感受。 （2）按护理项目（干性皮肤、油性皮肤、敏感性皮肤、眼部……）流程规范及要求实施操作。 （3）各环节手法操作规范、动作协调，符合手法要求（柔软、服帖、连贯、持久、均匀）。		

续上表

序号	学习任务（单元、模块）	对接典型工作任务及职业能力要求		知识、技能、态度要求	教学活动设计	学时
3	面部美容护理	02-06-03、02-06-04、03-02	面部基础护理	（4）点穴位手法正确，定位准确，单侧不少于12个，施力按"轻—重—轻"的节奏，力度适中。 （5）各类产品、工具及仪器使用规范、操作熟练。 （6）敷膜（面膜取量和加水适量，厚薄均匀、光滑、边缘整齐、周边无污染）。 （7）操作中有针对性地进行专业沟通，解答顾客问题。 （8）用心服务、关心顾客、注意询问顾客感受、效果对比。 （9）操作结束整理	（2）任务训练：操作手法、操作流程、用力技巧、产品使用、专业沟通。 （3）任务考核：面部皮肤分析、专业面部护理流程操作	40/60
			问题皮肤专业护理	（1）观察皮肤特征，触摸皮肤弹性，判断皮肤类型。 （2）了解皮肤问题形成原因。 （3）解释问题的成因，简要说明处理方法、步骤、使用产品及效果。 （4）按问题皮肤（干燥缺水、暗疮、粉刺、色斑、毛孔粗大、敏感脆弱、皱纹松弛、黑眼圈、眼袋……）护理疗程实施护理。 （5）正确使用针清、刮痧等护理工具。 （6）护理效果观察、对比，讲述护理重点及进行家居护理指导		
4	身体经络护理	03-03	护理准备	（1）了解顾客的护理目的及解决问题的需求。 （2）准备用物（毛巾、产品、工具），准备房间（适宜的灯光、音乐、温度）。 （3）操作准备（引导顾客沐浴、更衣、体位准备，美容师双手消毒）	（1）案例教学：分析案例、讨论护理重点。	30/50

续上表

序号	学习任务（单元、模块）	对接典型工作任务及职业能力要求	知识、技能、态度要求	教学活动设计	学时
4	身体经络护理	03-03　肩颈护理流程操作与沟通	（1）熟悉护理流程及诊断（问诊、望诊、触诊），问诊：疼痛（程度、部位、时间、类型），诱因（姿势、职业病、生活习惯），既往史。 （2）简易面诊（面色、黑眼圈），望肩颈（是否对称、生理弯曲是否正常），观察颈部皮肤。 （3）触诊：沿体表（肩颈部）经络、穴位、经筋、皮部进行推、按、压、拨等手法查痛症（硬块、结节、松紧度）。 （4）解释问题成因，简要说明操作步骤、使用产品感受。 （5）按操作流程及手法规范要求进行操作，按摩手法熟练（动作），用力方法、速度、技巧符合操作要求。 （6）工具及仪器使用规范，操作步骤及手法熟练。 （7）熟悉常用穴位（肩井、大椎、风府、风池、肩贞、天宗、肩中俞、肩外俞、翳风、肩髎、臑俞），定位准确，取穴方法正确。 （8）操作中有针对性地进行专业沟通、肩颈保健知识宣教。 （9）服务全过程体现人文关怀、注重顾客感受	（2）体验式教学：操作手法及操作流程练习、感受手法力度、施力技巧…… （3）任务考核	30/50
		03-10 03-11　腰背部护理流程操作与沟通	（1）熟悉腰背部护理流程及诊断（问诊、望诊、触诊）。问诊：运动习惯、姿势、既往史、生活习惯（久坐、跷二郎腿）、职业病；望诊：简易面诊、手诊、舌诊、观察脊柱生理弯曲及皮肤颜色是否正常；触诊：沿体表（脊椎两侧、腰背部）经络、穴位、经筋、皮部进行推、按、压、拨等手法查痛症、结节。		

续上表

序号	学习任务（单元、模块）	对接典型工作任务及职业能力要求		知识、技能、态度要求	教学活动设计	学时
		03-10 03-11	腰背部护理流程操作与沟通	（2）熟悉常用穴位定位及取穴方法（华佗夹脊穴、肾俞、涌泉、太溪、大赫、俞府、幽门、石关、肓俞、气穴、大横）。 （3）按脊椎、腰背部护理手法（动作）步骤、用力方法、速度、技巧规范操作。 （4）操作中有针对性地进行专业沟通、脊柱保健知识宣教。 （5）服务全过程体现人文关怀，注重顾客感受		
4	身体经络护理	03-06	肠胃保养流程操作与沟通	（1）熟悉肠胃保养常用穴位定位及取穴方法（中脘、下脘、建里、天枢、足三里、丰隆、梁丘、脾俞、胃俞、梁门、归来、幽门、石关、肓俞、气穴、大赫、大横）。 （2）熟悉护理流程及诊断（问诊、望诊、触诊）。问诊：二便、饮食、生活习惯、自觉症状、既往史；望诊：腹部形态、肌肉是否松弛、简易面诊（眼睑是否水肿、精神状态）、舌诊（是否肥厚、齿痕）；触诊：腹部触诊手法查痛症、结节、痛点、胀气。 （3）按护理流程、腹部手法（动作）步骤、用力方法、速度、技巧要求规范操作。 （4）操作中有针对性地进行专业沟通、脊柱保健知识宣教、手法按摩感受、效果对比。 （5）操作前简要介绍项目效果、产品、步骤等，解答顾客问题。 （6）操作全过程服务体贴周到、沟通专业		30/50

续上表

序号	学习任务（单元、模块）	对接典型工作任务及职业能力要求	知识、技能、态度要求	教学活动设计	学时
4	身体经络护理	03-04	胸部护理流程操作与沟通	（1）具备胸部解剖基础知识、熟悉护理流程及诊断（问诊、望诊、触诊）。问诊：疼痛（程度、部位、时间、类型）、诱因（姿势、生活习惯、内衣选择和使用、产后）、既往史（手术史）家族史。 （2）熟悉常用穴位定位及取穴方法（膻中、气户、膺窗、屋翳、库房、天溪、灵墟、神封、乳中、乳根、中府）。 （3）简易望诊分析：腋下皮肤颜色及淋巴、乳头是否凹陷、乳晕颜色、乳房形状形态（外扩、下垂干扁）。 （4）触诊查问题：乳腺触诊手法查痛症、胸部的柔软程度、弹性、结节。 （5）解释问题成因、护理要点及注意事项。 （6）说明操作步骤、使用产品及效果。 （7）按操作流程及手法规范进行操作，按摩手法熟练（柔软），用力方法、速度、技巧符操作要求。 （8）工具及仪器使用规范，操作步骤及手法熟练。 （9）操作中有针对性地进行专业沟通、乳房保健知识宣教。 （10）操作全过程体现人文关怀、沟通专业		30/50
5	芳香疗法	02-02、02-03、03	精油概述	（1）了解芳香疗法的历史。 （2）概述精油（概念、特性、功效、使用方法）。 （3）了解精油的选购及保存方法、调配原则及方法、使用注意事项。 （4）熟悉植物油（基础油）主要成分、主要功效、产品特质。 （5）熟悉常用精油名称、来源、挥发性和在皮肤、身体、心理方面的作用。 （6）根据需要进行精油的调配，了解精油使用注意及禁忌	（1）案例教学：分析案例、讨论护理重点。	20/30

续上表

序号	学习任务（单元、模块）	对接典型工作任务及职业能力要求	知识、技能、态度要求	教学活动设计	学时
5	芳香疗法	02-02、02-03、03	芳香疗法之面部护理	（1）准备用物（毛巾、产品、工具），准备房间（适宜的灯光、音乐、温度）。 （2）操作准备（引导顾客沐浴、更衣、测量、体位准备，美容师双手消毒）。 （3）精油调配	（2）体验式教学：操作手法及操作流程练习，感受手法力度、施力技巧…… （3）任务考核：护理流程、操作手法、专业沟通	20/30
			芳香疗法之身体淋巴排毒护理	（1）熟悉全身护理操作流程及各部位护理顺序。 （2）操作手法柔软、服帖、力度沉稳均匀，速度缓而不滞。 （3）熟悉诊断方法及应用（问诊、望诊、触诊），问诊：二便、饮食、生活习惯、自觉症状、既往史；望诊：形态、皮肤、肌肉松紧程度；触诊：按任督脉及十二经络体表循按手法、步骤操作，循经络、穴位、经筋、皮部运用推、按、压、拨等手法查痛症。 （4）了解精油基础知识，熟悉精油使用方法。 （5）解释精油的功效、使用注意事项。 （6）解答顾客提问专业、具体，保健指导针对性及可操作性强		
	机动				6
	合　　计				130/216

注：学时栏"××/××"，"/"左方为二年制推荐学时，"/"右方为三年制推荐学时。

八、资源开发与利用

（一）教材编写与使用

（1）教材编写既要满足行业标准要求，又要兼顾国家美容师职业资格考证要求，理论知识以职业资格标准及实际应用为重点，操作内容应以符合行业企业美容美体服务项目标准化、规范操作要求为原则。

（2）教材内容应体现先进性、通用性、实用性，将本专业新技术、新产品、技术创新纳入教材，使教材更贴近专业发展和实际需要。

（3）教材体例突破传统教材的学科体系框架，以任务训练、案例导入、思维导图、视频等丰富的表现形式，操作视频以二维码形式呈现，方便学生课外训练。

（二）数字化资源开发与利用

校企共同开发和利用网络教学平台及网络课程资源。课堂教学课件、操作培训视频、考核标准、任务训练、微课等教学资源利用现代学徒制在线学习平台，由学校和企业发布可在线学习课程资料，学徒采取线上线下学习相结合的方式，更灵活地完成课程的学习任务。导师也可以发布非课程任务的辅导材料（形式包括但不限于视频、PDF、Word文件等），用于学徒碎片化学习阅读，拓展相关知识点。利用现代学徒制在线交流互动平台，学徒和导师之间进行在线交流。

（三）企业岗位培养资源的开发与利用

根据美容行业发展要求，将美容的新技术、新产品、高科技仪器设备的应用方法，整理为课堂教学、案例教学的资源，作为岗位培养的教学条件。利用移动互联、云计算技术、物联网为支撑，建立信息化平台，实现线上线下教育相结合，改善教学条件，使教学内容与行业发展要求相适应。

九、教学建议

校企合作完成课程教学任务。教学采用集中授课、在岗培养、任务训练等形式，学校导师集中讲授项目理论知识，让学生知道操作原理。企业导师以任务训练、在岗培养等形式让学生进行项目操作技术技能训练及岗位实践，让学生学会操作并符合上岗要求，教学过程突出"做中学、学中做"。校内以课堂教学与课外训练相结合为主要训练手法。岗位实践以工学交替形式，进行专业技术综合能力培养和职业素质培养。

十、课程实施条件

具备专业水平及职业培训能力的"双导师"、校企实训资源是本课程实施的基本条件。学校提供专业理论及基本技能教学的师资及实训条件,企业提供现场教学、岗位能力培养的师资及实训条件。承担课程教学任务的教师应熟悉岗位工作流程,了解美容专业护理规范及服务流程,能独立完成所有项目流程及操作技能示范。校内专业实训室建设应有仿真教学、任务训练、职业技能证书考证的相关设备条件,实现教学与实训合一、教学与培训合一、教学与考证合一,满足学生综合职业能力培养的要求。企业有进行本课程全部项目训练的设施设备、场地及足够的学徒岗位,能满足学徒岗位培养需求。

十一、教学评价

采用过程性评价与结果性评价相结合等多元评价的方式,将课堂提问、任务训练、课外实践、项目评定、任务考核计入过程性评价成绩。其中,项目操作考核有单项技能考核和综合技能考核。操作技能考核除了考核操作流程、手法外,还考核专业沟通能力、服务意识等。结果性评价以顾客评价、业绩考核为重点。

教学评价应注意学生专业技术操作能力、技术培训指导能力、解决问题能力的考核,在强调操作规范的同时应引导灵活运用技术,对在技术应用上有创新的学生应予以特别鼓励,全面综合评价学生能力。

(撰稿人:申泽宇、孙晶、黄巧莹)

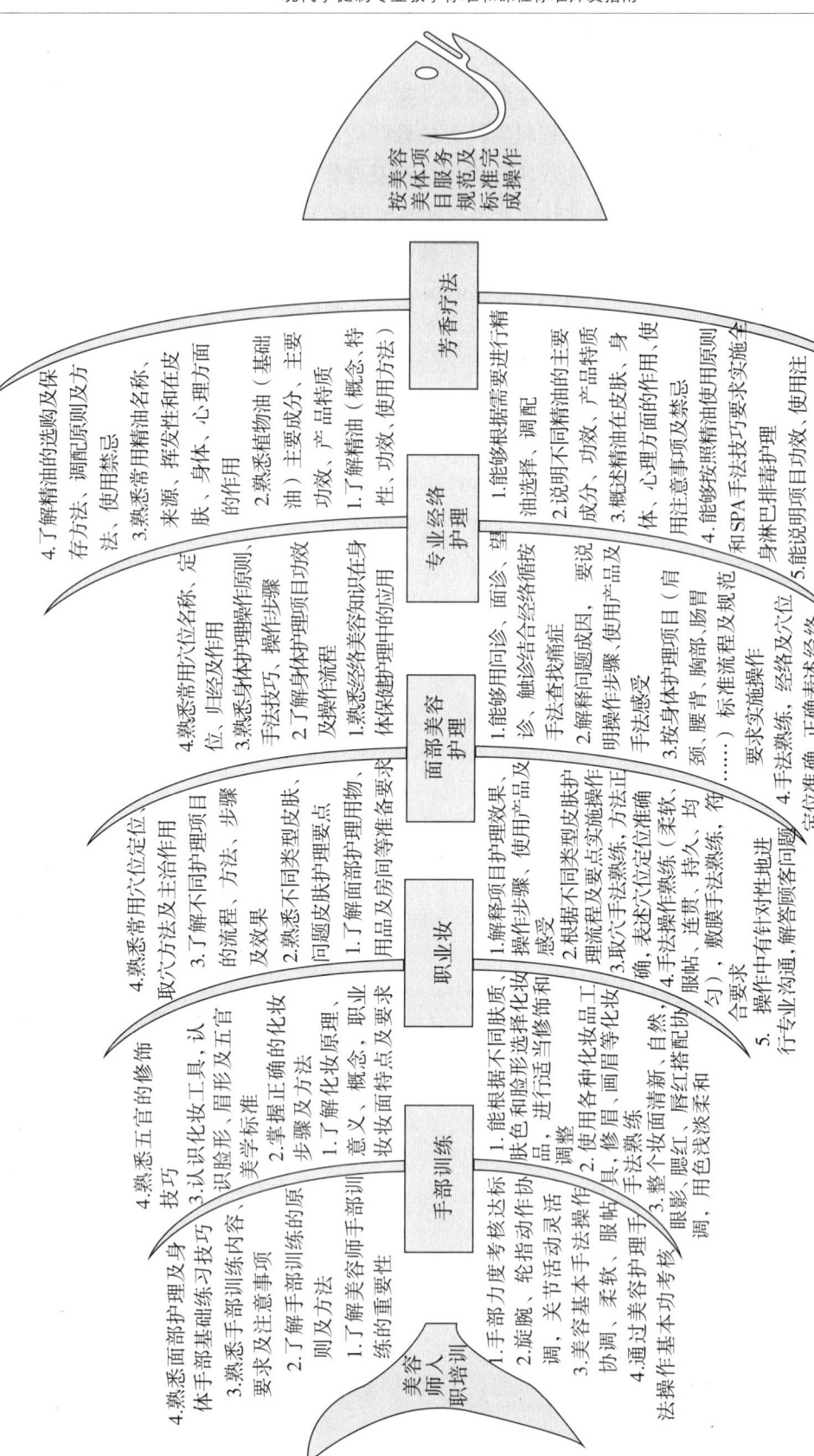

图3-2 美容美体技术课程结构鱼骨图

范例二：电子电路绘图与制版课程标准

一、课程名称

电子电路绘图与制版。

二、适用专业及面向岗位

适用于应用电子技术、电子信息工程技术、通信技术等专业，面向电子产品设计、检测及维修等岗位。

三、课程性质

本课程是应用电子技术专业技术技能课程，重点培养学生掌握从事电子产品设计、检测与维修等技能所必需的知识和能力，是从事电子、自动化、通信等领域的工程技术人员必修的课程。

四、课程设计

通过对应用电子技术专业工作岗位分析，电子产品研发助理是应用电子技术专业学生毕业后从事的重要岗位之一，也是学生在专业技术领域得以继续发展的重要途径。本课程主要是培养学生对电子产品的绘制、制作、分析调试和改进能力，为培养"电子产品研发助理"（或类似岗位）服务，因此本课程在应用电子技术专业中处于非常重要的地位，是专业技能基础课程和必修课程。

研发助理的工作涉及电子元件识别与应用、典型电路分析、专业软件的使用（原理图绘制、印刷板设计）、专业工具和仪器的使用等，是综合性较强的工作，通过对电子产品研发助理岗位进一步调研，并经过行业专家深入、细致、系统地分析，根据学生在实际岗位中需要完成的任务，将本课程教学内容进行细化，按照基于工作过程的原则，将电子电路原理图绘制、印刷线路板绘制、电磁兼容性分析、行业标准等内容以项目任务的形式进行重组。

情境学习理论认为，在真实的职业活动情境中学生才能更好地获得职业能力，并获得理论认知水平的发展。因此，本课程打破了传统以软件命令、工具使用方法为线索的教学方式，而是整合工作任务中涉及的专业知识与技能，以真实电子产品为项目载体来开展教学与训练，真正实现了教学做一体化；同时通过让学生亲自绘制印刷线路板，并完成电子产品的组装、调试，使学生体验实际产品开发的过程，并进一步了解企业实际岗位的技能要求。课程内容突出对学生职业能力的训练与职业素质养成的培养。知识的选取紧紧围绕工作任务完成的需要来进行，并融入职业资格证书对知识、技能的要求，教学内容涵盖了劳动和社会保障部计算机辅助设计绘图员（电子中、高级）职业资格证书的知识点和技能点。

本课程注重实际应用能力的培养,以岗位职业能力为依据,同时结合学生的认知特点和教学规律,项目任务安排采用从简单到复杂、循序渐进的原则,通过 5 个项目任务,从简单的电源电路绘制到复杂的单片机电路绘制,从手工单面板绘制到多层板绘制,通过具有一定梯度、层次的项目任务,将电子电路绘图与制版所需的知识、技能充分融入到各个项目任务中,前一个项目是后一个项目学习的基础,每一个项目任务都是在前一个项目任务的基础上增加了新的知识点和技能点,力求达到温故知新的效果,通过对典型工程项目电路的绘制与分析,使学生掌握符合产品功能与工艺要求、符合行业设计标准的单面线路板、双面线路板及多层电路板的设计能力。并力求在完成项目任务中让学生学会分析典型电路原理图,实现能力的迁移。

五、课程教学目标

通过本课程的学习,使本专业的学生具备从事电子电路原理图绘制、印刷电路板设计、典型电子电路分析、电子产品改进、制作、设计等所必需的专业知识、专业技能及相关的职业能力,培养学生实际岗位的工作能力,提高学生的职业素养。

1. 认知目标

(1)能够了解目前行业常用的电子绘图软件,并能够说出 Protel 软件所包含的功能模块。

(2)能够熟练掌握绘制电子电路原理图及印刷电路板的设计流程。

(3)能够列举手工布局的规则及注意事项。

(4)能够掌握手工布线、自动布线的规则及注意事项。

(5)能够熟练使用 Protel 软件里常用的快捷键。

(6)能够掌握与课程相关的设计标准及常用专业英语词汇。

(7)能够说明典型电子电路电磁兼容性设计原则。

(8)能够说明多层电路板设计原则及内电层分割原则。

(9)能够掌握手工制作单层印刷线路板知识。

2. 能力目标

(1)具备应用 Protel 软件绘制各类电子元件的原理图符号和各类电路图的能力。

(2)具备通过查询各类元件技术资料,应用 Protel 软件绘制各类电子元件封装的能力。

(3)具备将复杂电路按功能模块进行划分,拆分为层次原理图的能力。

(4)具备根据电路板设计相关标准,应用 Protel 软件绘制出符合设计规则及工艺要求的印刷电路板的能力。

(5)具备绘制简单多层板并能够进行内电层分割的能力。

(6)具备手工制作单面印刷电路板的能力,并能够正确使用各种仪器仪表完成电子产品的组装和调试。

(7) 具备协助电子产品研发工程师完成电子产品设计相关任务的能力。

3．情感目标

（1）培养良好的纪律观念。
（2）培养正确的仪器设备使用习惯。
（3）培养认真做事，细心做事的态度。
（4）培养团队协作意识。
（5）培养能够清晰地表述、回答问题等语言表达能力。

六、参考学时与学分

参考学时：72 学时，理论：36 学时，实践：36 学时。
参考学分：4 学分。

七、课程结构

表 3–3　电子电路绘图与制版课程结构

序号	学习任务 （单元、模块）	对接典型 工作任务及 职业能力要求	知识、技能、 态度要求	教学活动设计	学时
1	熟悉软件应用并绘制简单电路原理图及 PCB 图	02–02–04	（1）能够设置 ProtelDXP2004 的英/汉转换。 （2）能够新建 PCB 工程文件、原理图文件、PCB 文件。 （3）能够简单设置原理图编辑器的环境。 （4）能够在原理图编辑器中加载元件库。 （5）能够在元件库中查找元件和放置元件并编辑元件属性。 （6）能够使用连线工具放置导线。 （7）熟悉两个基本元件库中的元件。 （8）能够初步设置 PCB 编辑器的环境。 （9）简单了解层的概念。 （10）能够在 PCB 编辑器中规划电路板边。	教学活动： （1）稳压电源电路原理图设计。 （2）稳压电源电路 PCB 图设计，PCB 单面板手工布线及放置定位孔。 教学内容： （1）新建 PCB 工程文件、原理图文件、PCB 文件。 （2）设置原理图编辑器的环境。 （3）在原理图编辑器中加载元件库。 （4）在元件库中查找元件和放置元件并编辑元件属性。 （5）使用连线工具放置导线。 （6）两个基本元件库中的常用元件。 （7）能够初步设置 PCB 编辑器的环境，在 PCB 编辑器中规划电路板边。	6

续上表

序号	学习任务（单元、模块）	对接典型工作任务及职业能力要求	知识、技能、态度要求	教学活动设计	学时
2	学习元件制作并应用新元件绘制电路原理图及PCB图	03-01-01、03-01-02、03-01-10、03-01-13、03-01-14	（1）能够在PCB工程文件中追加原理图库文件。 （2）能够在原理图库编辑器中绘制简单的元器件。 （3）能够给新建的元器件添加属性。 （4）能够熟练设置原理图编辑器的环境。 （5）学会设置显示特殊字符串功能并会放置特殊字符串。 （6）学会制作原理图文件模板并调用。 （7）能够熟练使用原理图编辑器中的常用绘图工具绘制原理图。 （8）能够进行原理图的编译。 （9）能够进行简单电路的手工布局。 （10）能够初步设置PCB设计规则。 （11）掌握用画线工具放置导线，即布线。 （12）掌握使用PCB设计规则检查电路板及浏览3D效果图。 （13）掌握常用的快捷键。 （14）能够给元器件选择合适的封装。 （15）能够较熟练的设置PCB编辑器的系统参数。 （16）能够熟练的进行手工布局。 （17）会对单独的网络进行规制设置。	教学活动： （1）新建原理图元件库文件并创建元件。 （2）原理图模板制作及TDA2822耳放电路原理图设计。 （3）TDA2822耳放电路PCB图设计，PCB单面板布线、地线覆铜。 教学内容： （1）在PCB工程文件中追加原理图库文件。 （2）在原理图库编辑器中绘制简单的元器件。 （3）给新建的元器件添加属性。 （4）设置原理图编辑器的环境。 （5）设置显示特殊字符串功能并会放置特殊字符串。 （6）制作原理图文件模板并调用。 （7）使用原理图编辑器中的常用绘图工具绘制原理图。 （8）原理图的编译。 （9）简单电路的手工布局。 （10）设置PCB设计规则。 （11）用画线工具放置导线，即布线。 （12）使用PCB设计规则检查电路板及浏览3D效果图。 （13）给元器件选择合适的封装。 （14）对单独的网络进行规制设置。	40

续上表

序号	学习任务（单元、模块）	对接典型工作任务及职业能力要求	知识、技能、态度要求	教学活动设计	学时
2	学习元件制作并应用新元件绘制电路原理图及PCB图	03-01-01、03-01-02、03-01-10、03-01-13、03-01-14	（18）掌握层次电路图的基本概念。 （19）掌握层次电路图设计的基本方法及步骤。 （20）简单了解层次电路图中电路方块图及其与子电路图的对应关系。 （21）简单了解层次电路图中电路方块图进出点及其与子电路图中输入/输出端口的对应关系。 （22）能够熟练掌握自顶向下层次电路图的设计方法。 （23）简单了解切换设计层次的方法。 （24）能够掌握层次电路图整体设计规则检查及网络表生成方法。 （25）了解原理图的打印方法及步骤	（15）层次电路图的基本概念。 （16）层次电路图设计的基本方法及步骤。 （17）层次电路图中电路方块图及其与子电路图的对应关系。 （18）层次电路图中电路方块图进出点及其与子电路图中输入/输出端口的对应关系。 （19）自顶向下层次电路图的设计方法。 （20）切换设计层次的方法。层次电路图整体设计规则检查及网络表生成方法	40
3	学习绘图技巧熟练绘制电路原理图及PCB图	03-04-03	（1）能够在原理图库编辑器中绘制多部件元器件。 （2）能够给新建的元器件添加属性。 （3）能够熟练设置原理图编辑器的环境。 （4）能够熟练使用排列命令对多个元件进行布局。 （5）能够熟练使用原理图编辑器中的常用绘图工具绘制原理图。 （6）能够熟练使用向导制作元器件封装。	教学活动： （1）新建原理图元件库文件。 （2）计数器电路原理图设计，线路连接及放置网络标号。 （3）PCB封装库设计，利用向导绘制PCB封装元件。 （4）计数器电路PCB图设计，进行双面板布线、焊盘补泪滴。 教学内容： （1）在原理图库编辑器中绘制多部件元器件。 （2）给新建的元器件添加属性。	10

续上表

序号	学习任务（单元、模块）	对接典型工作任务及职业能力要求	知识、技能、态度要求	教学活动设计	学时
3	学习绘图技巧熟练绘制电路原理图及PCB图	03-04-03	（7）能够重新设定PCB板形状。 （8）能够查看元件的BOM清单。 （9）能够对双面板进行手动预布线和自动布线。 （10）掌握对PCB电路上的焊盘进行补泪滴操作	（3）使用排列命令对多个元件进行布局。 （4）使用原理图编辑器中的常用绘图工具绘制原理图。 （5）能够熟练使用向导制作元器件封装。 （6）能够重新设定PCB板形状。 （7）能够查看元件的BOM清单。 （8）能够对双面板进行手动预布线和自动布线。 （9）掌握对PCB电路上的焊盘进行补泪滴操作	10
4	学习层次原理图绘制方法及绘图技巧	07-01-04、07-01-05	（1）进一步掌握手工绘制PCB封装的方法与技巧。 （2）能够采用向导绘制PCB封装。 （3）掌握在PCB板上对层次电路图各模块进行元器件布局的方法。 （4）进一步掌握双层板布线及设计规则检查的方法。能够根据子图生成层次原理图主图文件。 （5）能够熟练掌握自底往上的层次原理图设计的方法。 （6）能够了解层次电路图中各模块端口、网络标号的对应关系。 （7）能够掌握层次电路图整体设计规则检查及网络表的生成方法。	教学活动： （1）超声波测距系统电路原理图设计，绘制层次原理图。 （2）PCB封装库设计，手工绘制PCB封装元件。 （3）超声波测距系统电路PCB图设计，进行PCB双面板布线、局部放置填充图形。 教学内容： （1）手工绘制PCB封装的方法与高级技巧。 （2）采用向导绘制PCB封装。 （3）在PCB板上对层次电路图各模块进行元器件布局。 （4）双层板布线及设计规则检查的方法，根据子图生成层次原理图主图文件。 （5）自底往上的层次原理图设计的方法。	8

续上表

序号	学习任务（单元、模块）	对接典型工作任务及职业能力要求	知识、技能、态度要求	教学活动设计	学时
4	学习层次原理图绘制方法及绘图技巧	07-01-04、07-01-05	（8）能够掌握层次电路图中主电路图和子电路图之间的对应关系	（6）层次电路图中各模块端口、网络标号的对应关系。 （7）层次电路图整体设计规则检查及网络表的生成方法。 （8）层次电路图中主电路图和子电路图之间的对应关系	8
5	学习绘制多层电路板	21-02-06	（1）了解插针式封装和表面贴片式封装的区别。 （2）掌握多层板层设置的方法。 （3）掌握内电层分割的方法。 （4）能够合理地将焊盘连接到相应的内电层。 （5）能够对多层电路板进行合理的元器件布局及布线。 （6）能够了解PCB板信息报表的基本内容	教学活动： （1）SP100微型编程器电路原理图设计。 （2）PCB封装库设计，绘制PCB封装元件。 （3）SP100微型编程器电路PCB图设计，进行PCB多层板布线。 教学内容： （1）多层板层设置的方法。 （2）内电层分割的方法。 （3）将焊盘连接到相应的内电层。 （4）对多层电路板进行合理的元器件布局及布线。 （5）PCB板信息报表的基本内容	8
			合计		72

八、资源开发与利用

（一）教材编写与使用

（1）必须依据本课程标准编写教材。

（2）教材应充分体现任务引领、实践导向的课程设计思想。

（3）教材以完成典型项目来驱动，采用递进和并列相结合的方式来组织编写，使学生在各个项目中学会实际操作。

（4）教材应突出实用性，应避免把职业能力简单理解为纯粹的技能操作，同时要具有前瞻性，应将本专业领域的发展趋势及实际操作中应遵循的新知识及时纳入其中。

（5）教材应以学生为本，文字表述要简明扼要，内容展现应图文并茂、突出重点，重在提高学生学习的主动性和积极性。

（6）教材中的活动设计要具有可操作性。

（二）数字化资源开发与利用

（1）利用现代信息技术开发教学录像、视听光盘等多媒体课件，通过搭建多维、动态、活跃、自主的课程训练平台，使学生的主动性、积极性和创造性得以充分调动。

（2）搭建产学合作平台，充分利用本行业的企业资源，满足学生参观、实训和毕业实习的需要，并在合作中关注学生职业能力的发展和教学内容的调整。

（3）积极利用本课程精品课程网站、电子书籍、电子期刊、数字图书馆、各大网站等网络资源，使教学内容从单一化向多元化转变。

（三）企业岗位培养资源的开发与利用

教学企业实训，利用校内外教学企业实训条件，将教学与实训合一，不仅在规定的实训课时间对学生开放，在业余时间和节假日时间，也对学生开放，满足学生综合职业能力培养的要求。

九、教学建议

（1）本课程应在计算机多媒体机房及电子产品制作实训室进行教学，主要采取教学做一体化方式进行；在教学项目中，选择一个产品案例，让学生进行绘制并制作电路板，进行电路板制作项目训练时要进行分组，每组人数不宜超过 30 人，在电子产品制作实训室进行。

（2）应加强对学生实际职业能力的培养，强化案例教学或项目教学，注重以任务引领型案例或项目诱发学生兴趣，使学生在项目活动中掌握相关的知识和技能。

（3）应以学生为本，注重"教"与"学"的互动。通过引导学生参加技能竞赛及选取典型项目产品，由教师提出要求或示范，组织学生进行活动，让学生在活动中提高设计能力及操作能力。

（4）应注重职业情景的创设，提高学生岗位适应能力。

（5）教师必须重视实践，更新观念，走产学研相结合的道路，探索中国特色职业教育的新模式，为学生提供自主发展的时间和空间，积极引导学生提升职业素养，努力提高学生的创新能力。

十、课程实施条件

（1）师资力量上需要一支具有丰富电子电路设计制作及调试过程管理经验的专兼职教师队伍，其中主讲教师须精通 PCB 设计制作完整技术流程的各个环节，兼职教师应为相关企业的资深设计人员。

（2）在实训环境和装备上，要求如下：

①专业机房：满足要求的高配置电脑，机位数量要满足60人上课的需要，多媒体设备齐全。

②电子产品生产实训：车间布局以完成电子产品生产及样品检验流程为主要功能进行设备组合，以印刷电路板的制作及电子元器件焊接工艺为主进行生产实训。

十一、教学评价

（1）本课程实行过程与目标结合评价，结合课堂提问、现场操作、课后作业、模块考核等手段，加强实践性教学环节的考核，并注重平时采分，平时考核占40%。期末综合目标考核采取机考，主要考查学生运用软件完成一个完整项目绘制的情况，综合目标考核占60%。

（2）强调理论与实践一体化评价，注重引导学生进行学习方式的改变。强调课程结束后综合评价，结合真实产品，充分发挥学生的主动性和创造力，注重考核学生所拥有的综合职业能力及水平。

（3）本课程按百分制考评，60分为合格，过程考核包含课堂提问得分，课堂实操结果得分，模块考核得分，学生互评得分；期末综合目标考核内容由四个模块组成，主要包括原理图元件绘制得分，原理图绘制得分，PCB元件封装绘制得分，PCB板绘制得分，兼顾整体设计的合理与美观得分。

（撰稿人：尹海昌、王志辉、谭昊）

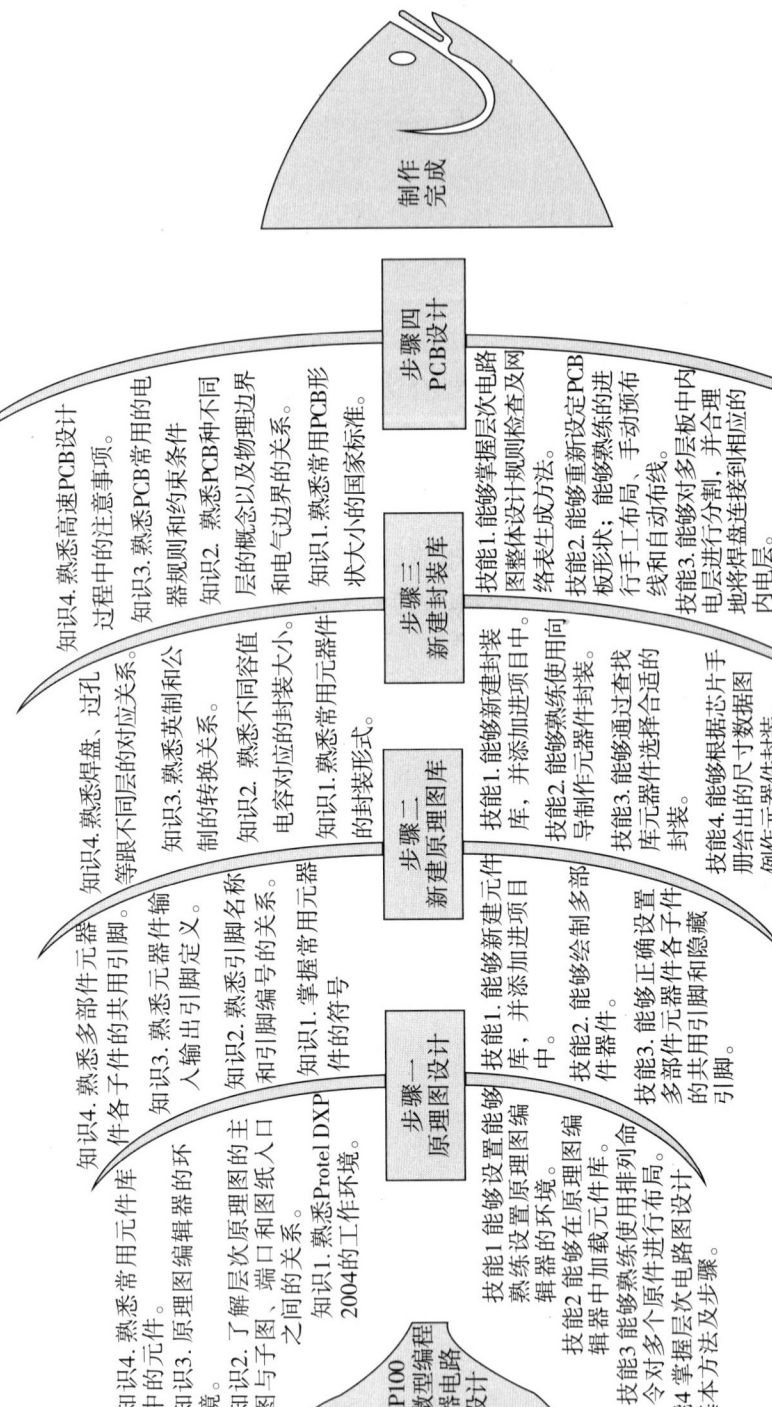

图3-3 电子电路绘图与制版课程结构鱼骨图

附 录

1. 《教育部关于开展现代学徒制试点工作的意见》

教育部关于开展现代学徒制试点工作的意见
教职成〔2014〕9号

各省、自治区、直辖市教育厅（教委），各计划单列市教育局，新疆生产建设兵团教育局，有关单位：

为贯彻党的十八届三中全会和全国职业教育工作会议精神，深化产教融合、校企合作，进一步完善校企合作育人机制，创新技术技能人才培养模式，根据《国务院关于加快发展现代职业教育的决定》（国发〔2014〕19号）要求，现就开展现代学徒制试点工作提出如下意见。

一、充分认识试点工作的重要意义

现代学徒制有利于促进行业、企业参与职业教育人才培养全过程，实现专业设置与产业需求对接，课程内容与职业标准对接，教学过程与生产过程对接，毕业证书与职业资格证书对接，职业教育与终身学习对接，提高人才培养质量和针对性。建立现代学徒制是职业教育主动服务当前经济社会发展要求，推动职业教育体系和劳动就业体系互动发展，打通和拓宽技术技能人才培养和成长通道，推进现代职业教育体系建设的战略选择；是深化产教融合、校企合作，推进工学结合、知行合一的有效途径；是全面实施素质教育，把提高职业技能和培养职业精神高度融合，培养学生社会责任感、创新精神、实践能力的重要举措。各地要高度重视现代学徒制试点工作，加大支持力度，大胆探索实践，着力构建现代学徒制培养体系，全面提升技术技能人才的培养能力和水平。

二、明确试点工作的总要求

1. 指导思想

以邓小平理论、"三个代表"重要思想、科学发展观为指导，坚持服务发展、就业导向，以推进产教融合、适应需求、提高质量为目标，以创新招生制度、管理制度和人才培养模式为突破口，以形成校企分工合作、协同育人、共同发展的长效机制为着力点，以注重整体谋划、增强政策协调、鼓励基层首创为手段，通过试点、总结、完善、推广，形成具有中国特色的现代学徒制度。

2. 工作原则

——坚持政府统筹，协调推进。要充分发挥政府统筹协调作用，根据地方经济社会发展需求系统规划现代学徒制试点工作。把立德树人、促进人的全面发展作为试点工作的根本任务，统筹利用好政府、行业、企业、学校、科研机构等方面的资源，协调好教育、人社、财政、发改等相关部门的关系，形成合力，共同研究解决试点工作中遇到的困难和问题。

——坚持合作共赢，职责共担。要坚持校企双主体育人、学校教师和企业师傅双导师教学，明确学徒的企业员工和职业院校学生双重身份，签好学生与企业、学校与企业两个合同，形成学校和企业联合招生、联合培养、一体化育人的长效机制，切实提高生产、服务一线劳动者的综合素质和人才培养的针对性，解决好合作企业招工难问题。

——坚持因地制宜，分类指导。要根据不同地区行业、企业特点和人才培养要求，在招生与招工、学习与工作、教学与实践、学历证书与职业资格证书获取、资源建设与共享等方面因地制宜，积极探索切合实际的实现形式，形成特色。

——坚持系统设计，重点突破。要明确试点工作的目标和重点，系统设计人才培养方案、教学管理、考试评价、学生教育管理、招生与招工，以及师资配备、保障措施等工作。以服务发展为宗旨，以促进就业为导向，深化体制机制改革，统筹发挥好政府和市场的作用，力争在关键环节和重点领域取得突破。

三、把握试点工作内涵

1. 积极推进招生与招工一体化

招生与招工一体化是开展现代学徒制试点工作的基础。各地要积极开展"招生即招工、入校即入厂、校企联合培养"的现代学徒制试点，加强对中等和高等职业教育招生工作的统筹协调，扩大试点院校的招生自主权，推动试点院校根据合作企业需求，与合作企业共同研制招生与招工方案，扩大招生范围，改革考核方式、内容和录取办法，并将试点院校的相关招生计划纳入学校年度招生计划进行统一管理。

2. 深化工学结合人才培养模式改革

工学结合人才培养模式改革是现代学徒制试点的核心内容。各地要选择适合开展现代学徒制培养的专业，引导职业院校与合作企业根据技术技能人才成长规律和工作岗位的实际需要，共同研制人才培养方案、开发课程和教材、设计实施教学、组织考核评价、开展教学研究等。校企应签订合作协议，职业院校承担系统的专业知识学习和技能训练；企业通过师傅带徒形式，依据培养方案进行岗位技能训练，真正实现校企一体化育人。

3. 加强专兼结合师资队伍建设

校企共建师资队伍是现代学徒制试点工作的重要任务。现代学徒制的教学任务必须由学校教师和企业师傅共同承担，形成双导师制。各地要促进校企双方密切合作，打破现有教师编制和用工制度的束缚，探索建立教师流动编制或设立兼职教师岗位，加大学校与企业之间人员互聘共用、双向挂职锻炼、横向联合技术研发和专业建设的力度。合作企业要选拔优秀高技能人才担任师傅，明确师傅的责任和待遇，师傅承担的教学任务应纳入考核，并可享受带徒津贴。试点院校要将指导教师的企业实践和技术服务纳入教师考核并作为晋升专业技术职务的重要依据。

4. 形成与现代学徒制相适应的教学管理与运行机制

科学合理的教学管理与运行机制是现代学徒制试点工作的重要保障。各地要切实推动试点院校与合作企业根据现代学徒制的特点，共同建立教学运行与质量监控体系，共同加强过程管理。指导合作企业制定专门的学徒管理办法，保证学徒基本权益；根据教学需要，合理安排学徒岗位，分配工作任务。试点院校要根据学徒培养工学交替的特点，实行弹性学制或学分制，创新和完善教学管理与运行机制，探索全日制学历教育的多种实现形式。试点院校和合作企业共同实施考核评价，将学徒岗位工作任务完成情况纳入考核范围。

四、稳步推进试点工作

1. 逐步增加试点规模

将根据各地产业发展情况、办学条件、保障措施和试点意愿等，选择一批有条件、基础好的地市、行业、骨干企业和职业院校作为教育部首批试点单位。在总结试点经验的基础上，逐步扩大实施现代学徒制的范围和规模，使现代学徒制成为校企合作培养技术技能人才的重要途径。逐步建立起政府引导、行业参与、社会支持，企业和职业院校双主体育人的中国特色现代学徒制。

2. 逐步丰富培养形式

现代学徒制试点应根据不同生源特点和专业特色，因材施教，探索不同的培养形式。试点初期，各地应引导中等职业学校根据企业需求，充分利用国家注册入学政策，针对不同生源，分别制定培养方案，开展中职层次现代学徒制试点。引导高等职业院校利用自主招生、单独招生等政策，针对应届高中毕业生、中职毕业生和同等学历企业职工等不同生源特点，分类开展专科学历层次不同形式的现代学徒制试点。

3. 逐步扩大试点范围

现代学徒制包括学历教育和非学历教育。各地应结合自身实际，可以从非学历教育入手，也可以从学历教育入手，探索现代学徒制人才培养规律，积累经验后逐步扩大。鼓励试点院校采用现代学徒制形式与合作企业联合开展企业员工岗前培训和转岗培训。

五、完善工作保障机制

1. 合理规划区域试点工作

各地教育行政部门要根据本意见精神，结合地方实际，会同人社、财政、发改等部门，制定本地区现代学徒制试点实施办法，确定开展现代学徒制试点的行业企业和职业院校，明确试点规模、试点层次和实施步骤。

2. 加强试点工作组织保障

各地要加强对试点工作的领导，落实责任制，建立跨部门的试点工作领导小组，定期会商和解决有关试点工作重大问题。要有专人负责，及时协调有关部门支持试点工作。引导和鼓励行业、企业与试点院校通过组建职教集团等形式，整合资源，为现代学徒制试点搭建平台。

3. 加大试点工作政策支持

各地教育行政部门要推动政府出台扶持政策，加大投入力度，通过财政资助、政府购买等奖励措施，引导企业和职业院校积极开展现代学徒制试点。并按照国家有关规定，保障学生权益，保证合理报酬，落实学徒的责任保险、工伤保险，确保学生安全。大力推进"双证融通"，对经过考核达到要求的毕业生，发放相应的学历证书和职业资格证书。

4. 加强试点工作监督检查

加强对试点工作的监控，建立试点工作年报年检制度。各试点单位应及时总结试点工作经验，扩大宣传，年报年检内容作为下一年度单招核准和布点的依据。对于试点工作不力或造成不良影响的，将暂停试点资格。

教育部
2014 年 8 月 25 日

2.《教育部办公厅关于做好2018年度现代学徒制试点工作的通知》

教育部办公厅关于做好2018年度现代学徒制试点工作的通知
教职成厅函〔2018〕10号

各省、自治区、直辖市教育厅（教委），新疆生产建设兵团教育局，有关单位：

为贯彻党的十九大精神，落实《国务院关于加快发展现代职业教育的决定》（国发〔2014〕19号）和《国务院办公厅关于深化产教融合的若干意见》（国办发〔2017〕95号），以及《教育部关于开展现代学徒制试点工作的意见》（教职成〔2014〕9号）和《教育部2018年工作要点》（教政法〔2018〕1号），现就做好2018年度现代学徒制试点相关工作通知如下：

一、新增第三批试点

2018年，我部拟遴选新增现代学徒制试点140个左右。地方政府、规模以上企业、职业院校及行业组织均可自愿申报。

1. 网上填报。申报单位须于2018年4月20—28日登录教育部官网职业教育与成人教育司主页（http://www.moe.edu.cn/s78/A07/）《高等职业教育创新发展行动计划(2015—2018年)》专题"现代学徒制试点工作管理平台"（以下简称管理平台），按照第三批现代学徒制试点工作方案（附件1），向省级教育行政部门提交任务书（附件2）和实施方案。实施方案应包括申请单位（含合作单位）基本情况、工作基础、目标任务、进度安排、政策及条件保障、预期成果、推广价值及有关佐证材料。

2. 省级推荐。省级教育行政部门对省内申请单位进行遴选（原则上每省份不超过15家），于2018年5月4—11日登录管理平台完成推荐工作，并于2018年5月17日前将申请材料和省级推荐表（各1份）函报我部职成司。

全国性行业组织按上述要求向我部职成司提交申请材料。

3. 专家遴选。我部委托全国现代学徒制工作专家指导委员会（以下简称专委会）遴选确定试点单位，原则上第一、二批现代学徒制试点单位（含参与单位）不牵头参与本次申报。

二、第二批试点年检

1. 试点自检。第二批试点单位须对照备案的任务书，总结试点经验、撰写自检报告。自检报告应包括：试点任务完成情况、工作成效及创新点、资金到位和执行情况、存在问题及改进措施、下一阶段工作计划等。自检报告及相关佐证材料电子版须于2018年4月20—28日登录管理平台提交。任务书内容如有变更，牵头单位须于2018年4月18日前报我部职成司备案。

2. 省级检查。省级教育行政部门要加强对试点工作的支持和指导，于2018年5月4—11日登录管理平台审查各试点自检报告，结合其他形式的检查结果提出审查意见，形成省级年检报告，督促试点单位完善工作。省级年检报告应包括：省内试点工作总体进展、工作成效及创新点、组织保障、扶持政策、经费投入、存在问题及解决措施、下一阶段工作计划等。省级年检报告电子版须于2018年5月25日前上传管理平台，纸质版（1份，附省级年检结果汇总表）须于2018年6月1日前函报我部职成司。

全国性行业组织按上述要求向我部职成司提交年检材料。

3. 复核检查。我部委托专委会对各地和试点单位报送的年检材料进行复核，根据实际需要开展实地检查并反馈改进意见。对于工作不力或造成不良影响的，暂停或终止试点。

三、第一批试点验收

1. 试点总结。第一批试点单位须对照备案的任务书及2017年度检查意见表，全面总结试点工作、撰写总结报告。总结报告应包括：目标任务完成情况、工作成效及创新点、资金到位和执行情况、存在问题、对策建议等。总结报告及相关佐证材料电子版须于2018年4月20—28日登录管理平台提交。不能按期完成试点任务的，试点牵头单位须于2018年4月18日前将延期验收申请报我部职成司备案。

2. 省级验收。省级教育行政部门须通过查资料、看现场等方式对试点单位进行省级验收，形成省级验收报告。验收报告应全面总结省内第一批试点工作并明确每个试点的省级验收结论。省级验收报告电子版须于2018年5月25日前上传管理平台，纸质版（1份，附省级验收结论汇总表）须于2018年6月1日前函报我部职成司。

全国性行业组织按上述要求向我部职成司提交总结报告。

3. 结果复核。我部委托专委会对各地和试点单位报送的验收材料进行复核，并根据实际需要组织实地验收，适时公布验收结果。

四、其他工作

1. 账号管理。管理平台登录账号实行分级管理。全国性行业组织和省级教育行政部门管理平台登录账号由我部指定联系人管理，地方政府、企业、区域行业组织及职业院校等试点（申报）单位的登录账号由省级教育行政部门管理。

2. 案例宣传。2018年我部将委托专委会向全国推出一批现代学徒制试点工作典型案例。请各省级教育行政部门结合本地试点工作实际，从政策支持、组织保障、显著成效等方面推荐3个省级层面的工作案例；从人才培养、招生招工、师资队伍建设、实习实训基地建设、管理创新等方面遴选推荐10个试点单位层面的典型案例，于2018年5月25日前上传管理平台。案例内容应思路清晰、图文并茂、数据详实，具有示范作用和推广价值，字数控制在1 500字以内。

全国性行业组织可根据工作实际提交3个案例。

五、联系方式

通信地址：北京市西单大木仓胡同37号教育部职业教育与成人教育司高职发展处（邮编：100816）

教育部职成司联系人：石范锋　任占营

电话/传真：010-66096232

管理平台技术支持联系人：王辉

电话：15016674601

电子邮箱：sfgz@moe.edu.cn

附件：
1. 教育部第三批现代学徒制试点工作方案
2. 教育部第三批现代学徒制试点工作任务书（样表）

教育部办公厅
2018年3月6日

附件1

教育部第三批现代学徒制试点工作方案

现代学徒制试点是深化产教融合、完善职业教育和培训体系，推动职业教育高质量发展的重要实现形式。为扎实做好现代学徒制试点工作，根据《国务院办公厅关于深化产教融合的若干意见》（国办发〔2017〕95号）和《教育部关于开展现代学徒制试点工作的意见》（教职成〔2014〕9号）制定本方案。

一、试点目标

探索建立校企联合招生、联合培养、双主体育人的长效机制，完善学徒培养的教学文件、管理制度、培养标准，推进专兼结合、校企互聘互用的双师结构教师队伍建设，建立健全现代学徒制的支持政策，形成和推广政府引导、行业参与、社会支持，企业和职业院校双主体育人的中国特色现代学徒制。

二、试点内容

（一）探索校企"双主体"育人机制。完善学徒培养管理机制，明确校企双方的职责与分工，推进校企紧密合作、协同育人。完善校企联合招生、共同培养、多方评价的双主体育人机制。探索人才培养成本分担机制，统筹利用好校内实训场所、公共实训中心和企业实习岗位等教学资源，形成企业与职业院校联合开展现代学徒制人才培养的长效机制。

（二）推进招生招工一体化。完善职业院校招生录取与企业用工一体化的招生招工制度，推进校企共同制订和实施招生招工方案。规范职业院校招生录取和企业用工程序，签订学生与企业、学校与企业两份合同（或学徒、学校和企业之间的三方协议），明确学徒的"企业员工"和"职业院校学生"的"双重身份"（对于年满16周岁未达到18周岁的学徒，须由学徒、监护人、学校和企业四方签订协议），明确各方权益及学徒在岗培养的具体岗位、教学内容、权益保障等。

（三）完善人才培养制度和标准。按照"合作共赢、职责共担"原则，校企共同设计人才培养方案，共同制订专业教学标准、课程标准、师傅标准、质量监控标准及相应实施方案。校企共同建设基于工作内容的专业课程和基于典型工作过程的专业课程体系，开发基于岗位工作内容、融入国家职业标准的专业教学内容和教材。

（四）建设校企互聘共用的教师队伍。完善双导师制，建立健全双导师的选拔、培养、考核、激励制度，形成校企互聘共用的管理机制。明确导师的职责和待遇，合作企业要选拔优秀高技能人才担任师傅，明确师傅的责任和待遇。院校要将指导教师的企业实践和技术服务纳入教师考核并作为晋升专业技术职务的重要依据。建立灵活的人才流动机制，校企双方共同制订双向挂职锻炼、联合技术研发、专业建设的激励制度和考核奖惩政策。

（五）建立体现现代学徒制特点的管理制度。建立健全与现代学徒制相适应的教学管理制度，制订学分制管理办法和弹性学制管理办法。创新考核评价与督查制度，基于工作岗位制订以育人为目的的学徒考核评价标准，建立多方参与的考核评价机制。建立定期检查、反馈等形式的教学质量监控机制。制订学徒管理办法保障学徒权益，根据教学需要科学安排学徒岗位、分配工作任务，保证学徒合理报酬。落实学徒的责任保险、工伤保险，确保人身安全。

三、试点形式

申报试点的单位应是具有一定工作基础、愿意先行先试的地方政府、行业、企业及职业院校。

（一）地方政府牵头的试点。以地方政府作为试点单位，统筹行政区域内职业院校和企业，立足行政区域内职业院校资源和企业资源确定试点专业和试点规模，重点探索地方实施现代学徒制的支持政策和保障措施。

（二）行业牵头的试点。以行业作为试点单位，统筹行业内职业院校和重点企业，选择行业重点专业开展现代学徒制试点工作，侧重开发规范和保证现代学徒制实施的各类标准。

（三）职业院校牵头的试点。以职业院校作为试点单位，选择学校主干专业，联合有条件、有意愿、有影响的企业共同开展试点工作，重点探索现代学徒制的人才培养模式和管理制度。

（四）企业牵头的试点。以具有校企双主体育人经验的规模企业作为试点单位，联合职业院校共同开展试点工作，重点探索企业参与现代学徒制的有效途径、运作方式和激励机制。

四、组织实施

现代学徒制试点工作按照自愿申报、省级推荐、部级遴选、组织实施、验收推广等程序进行，试点工作在省级教育行政部门的统筹协调下开展。

（一）自愿申报。申报单位须提交试点实施方案，根据实施方案编制并提交任务书。地方政府、职业院校、区域行业组织的申报材料由所在省级教育行政部门统一组织报送，企业申报材料由合作院校所在省级教育行政部门报送。全国性行业组织申报材料直接报送教育部（职成司）。

（二）省级推荐。省级教育行政部门对照教育部要求，结合区域发展和产业布局，统筹考虑省内职业院校、企业、区域行业组织，推荐试点单位。

（三）部级遴选。教育部在省级推荐的基础上遴选确定试点项目，优先支持服务"一带一路"建设、京津冀协同发展、长江经济带等国家战略的试点项目；优先支持高附加值产业相关专业及新一代信息技术、高档数控机床和机器人、航空航天装备、海洋工程装备及高技术船舶、先进轨道交通装备、节能与新能源汽车、电力装备、新材料、生物医药及高性能医疗器械、农业机械装备等与"中国制造 2025"联系密切的 10 大领域相关专业开展试点；优先支持目标明确、方案完善、支持力度大、示范性强的试点项目。

（四）组织实施。省级教育行政部门负责区域内试点工作的统筹协调和年度检查；教育部委托全国现代学徒制工作专家指导委员会对试点工作进行指导、监督和检查，组织推动各地和试点单位之间经验交流，及时固化和完善成功经验。

（五）验收推广。试点工作自批准起为期二年。试点期满，试点单位须对照任务书进行总结、撰写总结报告；省级教育行政部门应对所属试点单位进行全面检查、组织省级验收；教育部将组织专家复核省级验收结论和进行抽查，公布最终验收结果。省级教育行政部门及有关单位应在总结试点经验的基础上，有序推广实施现代学徒制，使现代学徒制成为校企合作培养技术技能人才的重要途径。

五、保障措施

（一）加强指导。各地要加强对试点工作的指导，落实责任制，建立跨部门的试点工作领导小组，定期会商和解决有关试点工作重大问题；专人负责，及时协调有关部门支持试点工作；制订试点工作扶持政策，加强对招生工作的统筹协调；加大投入，通过财政资助、政府购买等措施引导企业和职业院校实施现代学徒制培养。

（二）科学实施。各试点单位要深入调研，科学制定实施方案，明确试点任务和目标；精心组织实施，坚持问题导向，针对现代学徒制试点过程中的实际问题，着力创新体制机制，完善制度体系，优化政策环境，确保试点工作取得实效。

（三）注重实效。试点单位要坚持边试点边研究，及时总结提炼，注重把试点工作中的好做法和好经验上升成为理论和措施，促进理论与实践同步发展。

3.《关于在院校实施"学历证书+若干职业技能等级证书"制度试点方案》

按照国务院印发的《国家职业教育改革实施方案》（简称"职教20条"）要求，经国务院职业教育工作部际联席会议研究通过，现就在院校实施"学历证书+若干职业技能等级证书"制度试点，制定以下工作方案。

一、总体要求

（一）指导思想和基本原则

以习近平新时代中国特色社会主义思想为指导，深入贯彻落实全国教育大会部署，完善职业教育和培训体系，按照高质量发展要求，坚持以学生为中心，深化复合型技术技能人才培养培训模式和评价模式改革，提高人才培养质量，畅通技术技能人才成长通道，拓展就业创业本领。

坚持政府引导、社会参与，育训结合、保障质量，管好两端、规范中间，试点先行、稳步推进的原则。加强政府统筹规划、政策支持、监督指导，引导社会力量积极参与职业教育与培训。落实职业院校学历教育和培训并举并重的法定职责，坚持学历教育与职业培训相结合，促进书证融通。严把证书标准和人才质量两个关口，规范培养培训过程。从试点做起，用改革的办法稳步推进，总结经验、完善机制、防控风险。

（二）目标任务

自2019年开始，重点围绕服务国家需要、市场需求、学生就业能力提升，从10个左右领域做起，启动1+X证书制度试点工作。落实"放管服"改革要求，以社会化机制招募职业教育培训评价组织（以下简称"培训评价组织"），开发若干职业技能等级标准和证书。有关院校将1+X证书制度试点与专业建设、课程建设、教师队伍建设等紧密结合，推进"1"和"X"的有机衔接，提升职业教育质量和学生就业能力。通过试点，深化教师、教材、教法"三教"改革；促进校企合作；建好用好实训基地；探索建设职业教育国家"学分银行"，构建国家资历框架。

二、试点内容

（一）培育培训评价组织

培训评价组织作为职业技能等级证书及标准的建设主体，对证书质量、声誉负总责，主要职责包括标准开发、教材和学习资源开发、考核站点建设、考核颁证等，并协助试点院校实施证书培训。按照在已成熟的品牌中遴选一批、在成长中的品牌中培育一批、在有关评价证书缺失的领域中规划准备一批的原则，面向实施职业技能水平评价相关工作的社会评价组织，以社会化机制公开招募并择优遴选参与试点。试点本着严格控制数量、扶优、扶大、扶强的原则逐步推开。地方有关部门、行业组织要热心支持培训评价组织建设和发展，不得违规收取或变相收取任何费用。

（二）开发职业技能等级证书

职业技能等级证书以社会需求、企业岗位（群）需求和职业技能等级标准为依据，对学习者职业技能进行综合评价，如实反映学习者职业技术能力，证书分为初级、中级、高级。培训评价组织按照相关规范，联合行业、企业和院校等，依据国家职业标准，借鉴国际国内先进标准，体现新技术、新工艺、新规范、新要求等，开发有关职业技能等级标准。国务院教育行政部门根据国家标准化工作要求设立有关技术组织，做好职业教育与培训标准化工作的顶层设计，创新标准建设机制，编制标准化工作指南，指导职业技能等级标准开发。试点实践中充分发挥培训评价组织的作用，鼓励其不断开发更科学、更符合社会实际需要的职业技能等级标准和证书。

（三）融入专业人才培养

院校是1+X证书制度试点的实施主体。中等职业学校、高等职业学校可结合初级、中级、高级职业技能等级开展培训评价工作，本科层次职业教育试点学校、应用型本科高校及国家开放大学可根据专业实际情况选择。试点院校要根据职业技能等级标准和专业教学标准要求，将证书培训内容有机融入专业人才培养方案，优化课程设置和教学内容，统筹教学组织与实施，深化教学方式方法改革，提高人才培养的灵活性、适应性、针对性。试点院校可以通过培训、评价使学生获得职业技能等级证书，也可探索将相关专业课程考试与职业技能等级考核统筹安排，同步考试（评价），获得学历证书相应学分和职业技能等级证书。深化校企合作，坚持工学结合，充分利用院校和企业场所、资源，与评价组织协同实施教学、培训。加强对有关领域校企合作项目与试点工作的统筹。

（四）实施高质量职业培训

试点院校要结合职业技能等级证书培训要求和相关专业建设，改善实训条件，盘活教学资源，提高培训能力，积极开展高质量培训。根据社会、市场和学生技能考证需要，对专业课程未涵盖的内容或需要特别强化的实训，组织开展专门培训。试点院校在面向本校学生开展培训的同时，积极为社会成员提供培训服务。社会成员自主选择证书类别、等级，在试点院校内、外进行培训。新入校园证书必须通过遴选渠道，已取消的职业资格证书不得再引入。教育行政部门、院校要建立健全进入院校内的各类证书的质量保障机制，杜绝乱培训、滥发证，保障学生权益，有关工作另行安排。

（五）严格职业技能等级考核与证书发放

培训评价组织负责职业技能等级考核与证书发放。考核内容要反映典型岗位（群）所需的职业素养、专业知识和职业技能，体现社会、市场、企业和学生个人发展需求。考核方式要灵活多样，强化对完成典型工作任务能力的考核。考核站点一般应设在符合条件的试点院校。要严格考核纪律，加强过程管理，推进考核工作科学化、标准化、规范化。要建立健全考核安全、保密制度，强化保障条件，加强考点（考场）和保密标准化建设。通过考核的学生和社会人员取得相应等级的职业技能等级证书。

（六）探索建立职业教育国家"学分银行"

国务院教育行政部门探索建立职业教育"学分银行"制度，研制相关规范，建设信息系统，对学历证书和职业技能等级证书所体现的学习成果进行登记和存储，计入个人学习账号，尝试学习成果的认定、积累与转换。学生和社会成员在按规定程序进入试点院校接受相关专业学历教育时，可按规定兑换学分，免修相应课程或模块，促进学历证书与职业技能等级证书互通。研究探索构建符合国情的国家资历框架。

（七）建立健全监督、管理与服务机制

建立职业技能等级证书和培训评价组织监督、管理与服务机制。建设培训评价组织遴选专家库和招募遴选管理办法。本着公正公平公开的原则进行公示公告。建立监督管理制度，教育行政部门和职业教育指导咨询委员会要加强对职业技能等级证书有关工作的指导，定期开展"双随机、一公开"的抽查和监督。对培训评价组织行为和院校培训质量进行监测和评估。培训评价组织的行为同时接受学校、社会、学生、家长等的监督评价。院校和学生自主选择 X 证书，同时加强引导，避免出现片面的"考证热"。

三、试点范围及进度安排

（一）试点范围

面向现代农业、先进制造业、现代服务业、战略性新兴产业等 20 个技能人才紧缺领域，率先从 10 个左右职业技能领域做起。省级教育行政部门根据有关要求对符合条件的申报院校进行备案。试点院校以高等职业学校、中等职业学校（不含技工学校）为主，本科层次职业教育试点学校、应用型本科高校及国家开放大学等积极参与，省级及以上示范（骨干、优质）高等职业学校和"中国特色高水平高职学校和专业建设计划"入选学校要发挥带头作用。

（二）进度安排

2019 年首批启动五个领域试点，已确定的五个培训评价组织对接试点院校，并启动

有关信息化平台建设；陆续启动其他领域试点工作。2020年下半年，做好试点工作阶段性总结，研究部署下一步工作。

四、组织实施

（一）明确组织分工

国务院教育行政部门负责做好1+X证书制度试点工作的整体规划、部署和宏观指导，对院校职业技能等级证书的实施工作负监督管理职责。国务院市场监督管理部门（国家标准化管理委员会）负责协调指导职业教育与培训标准化建设。各省级教育行政部门主要负责指导本区域1+X证书制度试点工作，会同省级有关部门研究制定支持激励教师参与试点工作的有关政策，将参与职业技能等级证书培训与考核相关工作列入教师和教学管理人员工作量范畴，帮助协调解决试点中出现的新情况、新问题。省级有关职能部门负责研究确定证书培训考核收费管理相关政策。试点院校党委要加强对试点工作的领导，按有关规定加大资源统筹调配力度。

（二）强化基础条件保障

各省（区、市）在政策、资金和项目等方面向参与实施试点的院校倾斜，支持学校教学实训资源与培训考核资源共建共享，推动学校建好用好学校自办、学校间联办、与企业合办、政府开办等各种类型的实训基地。要吸引社会投资进入职业教育培训领域。通过政府和社会资本合作（PPP模式）等方式，积极支持社会资本参与实训基地建设和运营。产教融合实训基地和产教融合型企业要积极参与实施培训。

（三）加强师资队伍建设

各省（区、市）和试点院校要加强专兼结合的师资队伍建设，打造能够满足教学与培训需求的教学创新团队，促进教育培训质量全面提升。要将职业技能等级证书有关师资培训纳入职业院校教师素质提高计划项目。培训评价组织要组建来自行业企业、院校和研究机构的高素质专家队伍，面向试点院校定期开展师资培训和交流，提高教师实施教学、培训和考核评价能力。

（四）建立健全投入机制

中央财政建立奖补机制，通过相关转移支付对各省1+X证书制度试点工作予以奖补。各省（区、市）要加大资金投入，重点支持深化职业教育教学改革、加强技术技能人才培养培训等方面，并通过政府购买服务等方式支持开展职业技能等级证书培训和考核工作。参加职业技能等级证书考核的建档立卡等家庭经济困难学生免除有关考核费用。凡未纳入1+X证书制度试点范围的培训、评价、认证等，不享受试点有关经费支持。

（五）加强信息化管理与服务

建设 1+X 证书信息管理服务平台，开发集政策发布、过程监管、证书查询、监督评价等功能的权威性信息系统。参与 1+X 证书制度试点的学生，获取的职业技能等级证书都将进入服务平台，与职业教育国家学分银行个人学习账户系统对接，记录学分，并提供网络公开查询等社会化服务，便于用人单位识别和学生就业。运用大数据、云计算、移动互联网、人工智能等信息技术，提升证书考核、培训及管理水平，充分利用新技术平台，开展在线服务，提升学习者体验。

4.《职业技能等级证书监督管理办法（试行）》

为了建设全社会终身教育、继续教育、职业教育培训制度体系，构建国家资历框架，提高国民素质，建立推广国家职业标准，提升职业院校（含技工院校）学生和全社会劳动者就业技能，促进国家先进制造业和现代服务业水平提升，解决目前国家经济社会发展部分重点领域技能人才十分短缺的问题，按照部门"三定"方案规定和《国家职业教育改革实施方案》（职教20条）要求，做好"学历证书＋若干职业技能等级证书"制度试点工作，现就职业技能等级证书的监督管理，制定本办法。

一、动员、指导、扶持社会力量积极参与职业教育、职业培训工作。人力资源社会保障部建立完善、发掘、推荐国家职业标准，构建新时代国家职业标准制度体系。通过组织起草标准、借鉴国际先进标准、推介国内优秀企业标准等充实国家职业标准体系，逐步扩大对市场职业类别总量的覆盖面。教育部依据国家职业标准，牵头组织开发教学等相关标准。培训评价组织按有关规定开发职业技能等级标准。

二、职业技能等级证书按照"三同两别"原则管理，即"三同"是：院校外、院校内试点培训评价组织（含社会第三方机构，下同）对接同一职业标准和教学标准；两部门目录内职业技能等级证书具有同等效力和待遇；在学习成果认定、积累和转换等方面具有同一效能。"两别"是：人力资源社会保障部、教育部分别负责管理监督考核院校外、院校内职业技能等级证书的实施（技工院校内由人力资源社会保障行政部门负责）；职业技能等级证书由参与试点的培训评价组织分别自行印发。

三、人力资源社会保障部、教育部分别依托有关方面，组织开展培训评价组织的招募和遴选工作，入围的培训评价组织实行目录管理。培训评价组织遴选及证书实施情况向国务院职业教育工作部际联席会议报告。两部门严格末端监督执法，定期进行"双随机、一公开"的抽查和监督。

四、人力资源社会保障部、教育部在国务院领导下开展试点工作，遇到具体问题，可通过部门协调机制解决。重大问题可通过国务院职业教育工作部际联席会议协调。

5.《广东省教育厅关于公布2015年度省高等职业教育专业教学标准立项项目的通知》

广 东 省 教 育 厅

粤教高函〔2015〕96号

广东省教育厅关于公布2015年度省高等职业教育专业教学标准立项项目的通知

各有关高校：

根据《广东省教育厅 广东省财政厅关于开展2015年省高等职业教育专项资金申报工作的通知》（粤教高函〔2015〕14号）要求，经学校申报、形式审查、专家评审等程序，确定广东轻工职业技术学院牵头申报的《精细化学品生产技术/化学工程与工艺高本衔接专业教学标准研制》等32个项目作为2015年度省高等职业教育专业教学标准研制项目，现予以公布，并就有关事项通知如下：

一、项目管理要求

（一）牵头单位负责专业教学标准的研制、实践和在全省的推广应用工作。项目日常管理工作由牵头单位负责。项目建设期为2~3年，自2015年1月起计算。牵头单位负责组织项目开题，并于开题后两周内提交修改后的项目申报书和开题报告书。开题论证会专家组成员不得少于5人，本校专家限1人。项目实施期间，牵头单位应每年提交项目年度报告书。项目完成后，由项目主持人提出结题申请，牵头单位组织专家组进行校级结题论证，并提交项目管理报告、结题验收登记表和项目相关成果材料。牵头单位要切实加强对省财政补助资金（见粤财教〔2015〕115号）的管理，确保专款专用，加快支出进度，提高使用效益。

（二）省教育厅负责组织结题验收，并委托省教育研究院负责项目过程管理。对项目管理不到位，或未按时提交相关材料，或未在规定期限内完成且又未作说明的，将撤销项目立项，三年内项目负责人不得再申报新的教改项目，并减少项目牵头单位的教改项目申报名额，同时会同省财政厅追回省财政补助资金。

二、研制工作要求

（一）坚持科学先进理念。要借鉴国内外先进的职业教育理念，在技术技能人才培养目标、职业能力和职业素养标准、专业课程体系、教学方式方法改革、职业资格证书等方面体现广东特色、国际水准。积极探索职业教育等级证书。

（二）注重发挥团队作用。要依托"中高职衔接三二分段""四年制应用型本科人才培养""三二分段专升本应用型人才培养""现代学徒制"等试点项目，本科高校、高职院校、中职学校、行业企业、高职教指委等单位共同参与，联合研制，边研制、边实践、边完善。

（三）科学设计研制路径。要采取比较研究、实证研究、个案研究等方法，明确研制思路，制定科学合理的技术路线，确保项目高质量顺利完成。

三、其他事项

牵头单位负责按要求将开题报告材料和项目年度报告书寄送广东省教育研究院职业教育研究室（地址：广州市越秀区广卫路14号，邮编：510035，联系人：杜怡萍；联系电话：020-83323013，邮箱：jyydyp@foxmail.com）。其中：开题报告材料（纸质一式3份，电子文档1份）应于2015年7月10日前报送，项目年度报告书（纸质一式3份，电子文档1份）应于项目实施期间每年12月31日前报送。

附件：2015年度广东省高等职业教育专业教学标准研制立项项目一览表

广东省教育厅
2015年5月8日

（联系人：张坚雄，联系电话：020-37627715）

附件

2015年度广东省高等职业教育专业教学标准研制立项项目一览表（现代学徒制）

序号	项目名称	专业名称及专业代码	单位	主持人	备注
1	基于现代学徒制人才培养模式的投资与理财专业教学标准研制与实践	高职段：投资与理财（620111）	广东理工职业学院	杨翠友	牵头单位
2	汽车检测与维修专业现代学徒制专业教学标准项目	高职段：汽车检测与维修技术（580402）	中国人寿保险股份有限公司中山公司	陈建国	
			广东机电职业技术学院	李百华	牵头单位
			广州元丰田汽车销售服务有限公司	阮少宁	
3	应用电子技术专业现代学徒制教学标准研制与实践	高职段：应用电子技术（590202）	广东科学技术职业学院	王红梅	牵头单位
			珠海市鑫润达电子有限公司	连小兰	
4	基于现代学徒制人才培养模式的高职汽车整形技术专业教学标准的研制	高职段：汽车整形技术（580406）	广东科学技术职业学院	孙玺文	牵头单位
			珠海市欧亚汽车技术有限公司	刘劲松	
5	高职冶金技术专业现代学徒制教学标准研制	高职段：冶金技术（550102）	广东松山职业技术学院	罗国民	牵头单位
			宝钢集团韶关钢铁有限公司	温志红	
6	机电设备维修与管理专业现代学徒制教学标准研制	高职段：机电设备维修与管理（580301）	广东松山职业技术学院	杨宇	牵头单位
			宝钢集团韶关钢铁有限公司	胡占民	
7	基于现代学徒制畜牧兽医人才培养模式的高职教育专业标准研制	高职段：畜牧兽医（510301）	广东科贸职业学院	张君	牵头单位
			广东万禾农牧有限公司	林雪	
8	现代学徒制皮具设计专业教学标准研制与实践项目	高职段：皮具设计（670124）	广州番禺职业技术学院	张来源	牵头单位
			广州皮都皮具发展股份有限公司	熊金红	
9	现代学徒制高职市场营销专业教学标准研制项目	高职段：市场营销（620401）	广州番禺职业技术学院	阚雅玲	牵头单位
			深圳市百果园实业发展有限公司	熊自先	

续上表

序号	项目名称	专业名称及专业代码	单位	主持人	备注
10	现代学徒制高职市政工程技术专业教学标准研制项目	高职段：市政工程技术（560601）	广州番禺职业技术学院	叶雯	牵头单位
			广东质安建设工程技术有限公司	黄俊泉	
11	基于现代学徒制的计算机应用技术专业教学标准研制	高职段：计算机应用技术（590101）	广州铁路职业技术学院	林锦章	牵头单位
			国家数字家庭应用示范产业基地	陈玉琪	
			广州合立正通信息科技有限公司	李振伟	
12	电梯维护与管理专业教学标准研制项目	高职段：电梯维护与管理（580316）	中山职业技术学院	肖伟平	牵头单位
			广东菱电电梯有限公司	黄英	
			中山市广日电梯工程有限公司	冯斌	
			中山市一菱电梯有限公司	李宗铂	
			中山市电梯行业协会	龙晓斌	
13	基于现代学徒制人才培养模式酒店管理专业教学标准研制	高职段：酒店管理（640106）	佛山职业技术学院	陈端萍	牵头单位
			高明碧桂园凤凰酒店	朱石群	
14	护理专业现代学徒制教学标准研制	高职段：护理（630201）	清远职业技术学院	冼昶华	牵头单位
			清远市城区卫计局	蔡艳芳	
			清远市人民医院	何金洪	
15	医疗美容技术专业现代学徒制教学标准研制	高职段：医疗美容技术（630408）	清远职业技术学院	吴琼	牵头单位
			广东伊丽莎白美容健身有限公司	傅涓红	

续上表

序号	项目名称	专业名称及专业代码	单位	主持人	备注
16	机电一体化技术专业现代学徒制教学标准研制	高职段：机电一体化技术（580201）	清远职业技术学院	郭汉桥	牵头单位
			英德海螺水泥有限责任公司	刘海滨	
			清远市美亚宝铝业有限公司	林凌涛	
			新玛基（清远）实业有限公司	沈雁生	

161

6. 《清远职业技术学院与广东伊丽莎白美容健身有限公司的现代学徒制医学美容技术专业人才培养方案》举例

第一部分 主体部分

一、专业基本信息

1. 专业名称：医学美容技术专业。
2. 专业代码：620404。
3. 招生对象：广东伊丽莎白美容健身有限公司符合自主招生报名条件的员工（中职医学相关专业毕业或具有同等学力毕业，中级以上美容师资格证）。
4. 学制与学历：

学制：二年

学历：普通全日制大专学历

5. 培养方式：与广东伊丽莎白美容健身有限公司合作一体化培养，采用先招工、后招生的招徒方式，在岗培养四学期（两年）。学校导师与企业导师交互训教，共同培养。

二、主要就业岗位与学徒岗位分析

（一）职业生涯发展一般路径

通过专业供需调研分析，获得本专业毕业生职业生涯发展的一般路径，并确定了毕业生的主要就业岗位为技术岗位、营销岗位、管理岗位，见附表1。

附表1 医学美容技术专业职业生涯发展路径

发展阶段	就业岗位						学历层次	一般发展年限	
	美容保健服务行业			医疗卫生行业				中职	高职
	销售岗位	管理岗位	技术岗位	销售岗位	技术岗位	服务岗位			
Ⅵ	品牌总监	区域经理	技术总经理	咨询组长	运营经理	会员总监	中职高职	10年以上	8年以上

续上表

发展阶段	就业岗位						学历层次	一般发展年限	
	美容保健服务行业			医疗卫生行业					
	销售岗位	管理岗位	技术岗位	销售岗位	技术岗位	服务岗位		中职	高职
V	市场总监	会所经理	*技术总监	现场咨询	医助主管/组长	会员副总监	中职高职	8~10年	5~8年
IV	见习总监	*店长	*技术主管	电话咨询	医助技师	客服经理	中职高职	5~8年	3~5年
III	*培训讲师	店长助理/**顾问	*高级美容师	网络咨询	护理师/美容师	销售经理	中职高职	3~5年	2~3年
II	*美容导师	—	中级美容师	咨询助理	护理师/美容师	销售主管	中职高职	2~3年	1~2年
I	见习美容导师	—	初级美容师	导诊/导医		导购	中职高职	1~2年	6~12个月

注：（1）"发展阶段"依据国家、行业企业的有关规定以及调查分析确定，其中II至IV层级为本专业毕业生主要就业岗位。

（2）专业技术岗位、销售管理岗位为现代学徒制培养的目标岗位。

（二）就业岗位（群）

1. 专业技术岗位：美容师、技术培训、美容顾问
2. 销售管理岗位：行政主管、店长等

（三）学徒岗位分析

附表2　医学美容技术专业主要就业岗位分析

序号	主要职业岗位	典型工作任务	岗位能力要求
1	专业技术岗位	①与顾客沟通，收集、反馈顾客建议、意见、提高服务素质，建立良好的客服关系。 ②分析顾客皮肤问题及美容需求，制定个性化护理方案。	①具有对公司美容项目销售及公司流程运作的能力。 ②具有面部护理、身体护理流程操作与保健知识应用能力。

续上表

序号	主要职业岗位	典型工作任务	岗位能力要求
1	专业技术岗位	③实施整体护理流程操作，指导顾客家居护理，帮助顾客达成美容效果。 ④进行售后服务，跟踪顾客的美容效果，根据顾客护理效果及需求及时变更服务项目。 ⑤挖掘顾客需求，向顾客建议和销售适合用的产品及疗程。	③具备专业沟通能力。 ④具备专业销售能力及技巧。 ⑤具备美容保健咨询、美容健康诊断、美容保健评价、美容保健指导能力。 ⑥有熟练应用美容护理产品、操作常用美容仪器的能力；
2	销售管理岗位	①传播企业文化和公司经营理念，市场信息收集，市场拓展、后期维护、美容院问题诊断。 ②门店日常经营活动的营运管理，包括员工业绩考核管理，制定工作计划，协助店员达成目标以及提升店员的技术和销售能力。 ③分析顾客的意见，解释服务目标及标准，制定改善服务的方法。 ④定期了解客源拓展情况和市场竞争动态，并分析形势，制定对策。 ⑤协调店员之间的关系，维护良好的纪律。 ⑥顾客档案管理，及时向顾客传达公司的优惠政策（含节假日问候、生日赠送及优惠赠送项目），提高顾客忠诚度。	①有传播企业文化和公司经营理念、品牌推广的能力。 ②具备维护好顾客满意度、顾客到店、顾客服务、顾客异议处理等顾客关系管理能力。 ③具备产品销售、项目销售管理、绩效目标管理能力。 ④具备常客维护与新客拓展计划与分析、产品品牌管理计划与分析的能力。

三、人才培养目标与规格

（一）培养目标

本专业坚持立德树人，培养与我国社会主义现代化建设要求相适应，德、智、体、美、劳全面发展，面向美容保健服务行业及卫生行业的医学美容技术领域，既能从事美容技术服务、美容营销、美容培训等工作，又能胜任高级美容师、美容顾问、技术培训及店长学徒岗位工作，具有良好的职业形象、服务意识、团队合作精神及专业沟通能力；具备分析美容保健问题，设计个性化解决方案，实施美容保健技术服务，营销策划及培训指导等职业能力，以及自主学习能力，在服务、营销、培训、管理第一线的发展型、复合型和创新型的技术技能人才。

（二）培养规格

1. 知识目标

（1）熟悉美容标准化服务的基本要求。

（2）熟悉美容护理必需的医学基础知识。

（3）掌握化妆品、美容营养基础知识。

（4）熟悉美容保健必备的经络美容、体质辨识等中医基础理论知识。

（5）熟悉现代企业管理、顾客管理基本知识。

（6）了解医学基础、中医养生、美容保健、化妆品学、心理学与美容的关系。

2. 能力目标

（1）具有审美和创美能力。

（2）能够分析美容保健问题，制定解决方案。

（3）熟知美容仪器设备功效，熟练操作美容仪器设备，并能进行基本维护及保养。

（4）熟练掌握美容服务标准流程和操作技能。

（5）能够搭配产品和整合项目。

（6）掌握中医美容保健操作技术。

（7）能开展美容咨询，制订及执行营销方案。

（8）能开展美容养生专业知识、产品、技术、方案、项目等培训。

（9）能建立顾客档案，收集典型案例，制定美容保健计划。

（10）具备美容店务管理及行政管理能力。

3. 素质目标

（1）践行社会主义核心价值观。

（2）具有良好的职业形象和服务意识。

（3）具有诚实守信、爱岗敬业、团结合作、吃苦耐劳的职业精神。

（4）具有专业的沟通交流能力。

（5）具有信息安全及隐私保护意识。

（6）精益求精，具有高度责任心。

（7）主动学习，具有创新创业意识及能力。

四、毕业条件

总学时 1642。

（1）所修课程考核合格。

（2）应取得 90 学分以上（含 90 学分），其中：职业素质基础模块应取得 12 学分、职业技术技能基础模块应取得 19 学分、岗位技术技能模块应取得 47 学分、专业拓展课程至少取得 12 学分。

（3）证书要求：鼓励学生考取高级美容师等证书。

五、课程体系与核心课程

（一）课程体系构成

附表 3　专业课程体系分布构成表

学期	课程类别	课程性质			
		职业素质基础	职业技术技能基础	岗位技术技能	拓展自选
第一学期	选修课				企业文化
	必修课	思想道德修养与法律基础 形势与政策（一）	美容化学基础 美容医学基础	美容行业企业认知 美容美体技术 客情管理	
第二学期	选修课				常用办公软件
	必修课	形势与政策（二） 毛泽东思想和中国特色社会主义理论体系概论 团队合作与个人管理	店务与运营	美容保健方案制定 美容仪器应用 中医体质辨识与养生	
第三学期	选修课				营销策划与技巧
	必修课	形势与政策（三）	美容咨询与沟通	医美技术服务 芳香美容	
第四学期	选修课				危机处理
	必修课	形势与政策 应用写作	营销实务 美容院信息管理 毕业设计	标准化服务 产品搭配与项目整合 文饰技术	

（二）专业核心课程描述

课程体系的构建，根据美容行业（企业）发展要求，基于专业技术一线岗位工作任务及能力要求，构成突出专业能力、岗位工作能力和岗位拓展能力的课程体系，包括职业基本素质、专业技术基础能力、岗位技术能力、职业能力拓展课程四部分。其专中业技术基础能力及岗位技术能力必备的知识和核心能力构成专业主干课程。

教学模式主要包括：集中授课、企业培训、岗位培养、任务训练等。

考核方式主要包括：笔试、面试、任务考核、业绩考核等。

本专业核心课程包括：

1. "美容医学基础"课程

附表4

课程名称	美容医学基础			
学时	54	学分	3	开课学期	第一学期
课程目标	本课程的任务是学习人体的基本结构与功能、美容解剖知识、皮肤美容基础、皮肤病理、美容消毒卫生等基础医学的基本理论知识，为后续专业技术课程奠定必备的医学基础知识。			
课程简介	能够了解人体的系统组成及主要功能，熟悉头面部、躯干、四肢的骨骼、浅表肌群、主要神经及血管分布，熟悉皮肤的组织结构、常见皮肤问题的特征；了解美容卫生消毒基本知识及常用消毒方法的应用。			
导师要求	学校导师具备本科以上学历，讲师以上专业职称，有行业企业相关岗位工作经历和实践经验，具备执业医师或高级美容师以上职级的职业资格。 企业导师具有5年以上企业岗位工作经历，大专以上学历或高级美容师以上职级，能承担企业内部员工岗位晋升培训和新员工培训与考核工作。			
考核方式	笔试、面试、任务考核、业绩考核			

2. "中医体质辨识与养生"课程

附表5

课程名称	中医体质辨识与养生			
学时	72	学分	4	开课学期	第二学期
课程目标	要求学习掌握中医基础知识，了解体质的概念，掌握体质的形成及影响因素，学会四诊辨识体质的方法，掌握不同体质的生理特点，了解不同体质对不同疾病的易感性、不当饮食引起体质偏颇的表现，掌握精神、药膳、饮食、运动等8种体质调养方法；在美容美体各项目中熟练运用经络美容知识，按刮痧、拔罐、艾灸等传统美容项目操作流程规范操作。			

续上表

课程名称	中医体质辨识与养生				
学时	72	学分	4	开课学期	第二学期
课程简介	课程内容主要包括中医脏腑、气血津液理论，体质的概念、分类及特点，体质是怎样形成的，影响体质的因素，体质辨识（四诊）、体质调理等。				
导师要求	学校导师具备本科以上学历，讲师以上专业职称，有行业企业相关岗位工作经历和实践经验，具备执业医师或高级美容师以上职级的职业资格。 企业导师具有5年以上企业岗位工作经历，大专以上学历或高级美容师以上职级，能承担企业内部员工岗位晋升培训和新员工培训与考核工作。				
考核方式	笔试、面试、任务考核、业绩考核				

3."美容美体技术"课程

附表6

课程名称	美容美体技术				
学时	108	学分	6	开课学期	第一学期
课程目标	要求熟悉头面部、身体护理项目理论及操作流程，熟练运用护理操作手法（动作），按手法步骤、用力方法、速度、技巧要求规范操作，并进行专业沟通和解释。				
课程简介	主要内容为面部及身体护理理论、各项目操作流程及服务规范、项目操作手法、沟通话术、项目技术培训与指导操作等。				
导师要求	学校导师具备本科以上学历，讲师以上专业职称，有行业企业相关岗位工作经历和实践经验，具备执业医师或高级美容师以上职级的职业资格。 企业导师具有5年以上企业岗位工作经历，大专以上学历或高级美容师以上职级，能承担企业内部员工岗位晋升培训和新员工培训与考核工作。				
考核方式	笔试、面试、任务考核、业绩考核				

4."美容保健方案制定"课程

附表7

课程名称	美容保健方案制定				
学时	72	学分	4	开课学期	第二学期
课程目标	要求能够正确分析皮肤问题，了解顾客健康状况及美容需求，正确搭配项目、制定个性化解决方案、解释项目功效、疗程。				

续上表

课程名称	美容保健方案制定			
学时	72	学分	4	开课学期 第二学期
课程简介	本课程主要学习顾客皮肤及健康分析判断，个性化解决方案设计方法原则、项目及产品搭配等。			
导师要求	学校导师具备本科以上学历，讲师以上专业职称，有行业企业相关岗位工作经历和实践经验，具备执业医师或高级美容师以上职级的职业资格。 企业导师具有 5 年以上企业岗位工作经历，大专以上学历或高级美容师以上职级，能承担企业内部员工岗位晋升培训和新员工培训与考核工作。			
考核方式	笔试、面试、任务考核			

5."标准化服务"课程

附表 8

课程名称	标准化服务			
学时	144	学分	8	开课学期 第四学期
课程目标	要求熟悉服务标准化流程及规范要求，能够按标准要求准备用物用品、服务环境，技术操作流程和手法符合标准要求。			
课程简介	主要内容有服务标准化、卫生标准化、环境标准化、技术标准化、物料洗消标准化。			
导师要求	学校导师具备本科以上学历，讲师以上专业职称，有行业企业相关岗位工作经历和实践经验，具备执业医师或高级美容师以上职级的职业资格。 企业导师具有 5 年以上企业岗位工作经历，大专以上学历或高级美容师以上职级，能承担企业内部员工岗位晋升培训和新员工培训与考核工作。			
考核方式	笔试、任务考核、业绩考核			

6."产品搭配与项目整合"课程

附表 9

课程名称	产品搭配与项目整合			
学时	72	学分	4	开课学期 第四学期
课程目标	通过专业沟通确定顾客需求，确认项目（产品、价格）提出护理建议。			
课程简介	主要内容有单品、院装组合、项目及产品搭配等，要求了解不同产品的功效、使用方法、适用皮肤类型，不同产品与项目整合解决不同的皮肤问题。			

续上表

课程名称	产品搭配与项目整合				
学时	72	学分	4	开课学期	第四学期
导师要求	学校导师具备本科以上学历,讲师以上专业职称,有行业企业相关岗位工作经历和实践经验,具备执业医师或高级美容师以上职级的职业资格。 企业导师具有5年以上企业岗位工作经历,大专以上学历或高级美容师以上职级,能承担企业内部员工岗位晋升培训和新员工培训与考核工作。				
考核方式	笔试、面试、任务考核、业绩考核				

(三) 主要职业岗位与专业核心课程关联分析

附表10 职业岗位与专业核心课程关联分析

序号	主要职业岗位	岗位核心能力要求	核心课程
1	专业技术岗位	热情接待顾客,针对顾客面部实际情况推荐合适的护理、治疗方法及产品;运用美容技巧,进行皮肤清洁、基面化妆、点妆修饰等相关工序;做好环境卫生维护工作;做好治疗前后护理工作;协助顾客办理相关手续,做好销售登记工作;向顾客提供美容方面的知识和建议,耐心解答顾客提出的问题;完成美容主管安排的其他工作;注意仪容仪表和个人卫生。	美容医学基础 标准化服务 中医体质辨识与养生 美容美体技术
2	销售管理岗位	掌握美容专业知识和手法技能;完成顾客的健康咨询和项目销售;完成员工的专业培训和销售管理;对单店目标结果负责,完成业绩计划	美容医学基础 标准化服务 美容保健方案制定 产品搭配与项目整合

六、教学及课程安排

1. 课程体系构成表

年级：2017　　　　　　　　　　　　　　　　　　　　　　　　　　　　编制时间：2017 年 3 月 10 日

附表 11　医学美容技术专业（现代学徒制）课程体系构成表

课程模块	序号	课程名称	授课时间	总学时	集中授课	企业培训	任务训练	岗位培养	学分	考核方式
职业素质基础模块	1	思想道德修养与法律基础	2017 年 9 月—2018 年 1 月	54	14	40	0	0	3	①②
	2	毛泽东思想和中国特色社会主义理论体系概论	2018 年 1—7 月	72	21	51	0	0	4	①②
	3	形势与政策	2017 年 9 月—2019 年 6 月	16	16	0	0	0	1	②
	4	团队合作与个人管理	2018 年 1—7 月	36	0	16	10	10	2	②③④
	5	应用写作	2019 年 1—6 月	36	8	0	10	18	2	①②
小计				214	59	107	20	28	12	
职业技能基础模块	1	美容化学基础	2017 年 9—12 月	36	18	0	0	18	2	①②
	2	美容医学基础★	2017 年 9—12 月	54	54	0	0	0	3	①②③④
	3	店务与运营	2018 年 1—7 月	72	0	18	14	40	4	②③
	4	美容咨询与沟通	2018 年 9—12 月	36	0	0	18	18	2	②③④
	5	营销实务	2019 年 1—6 月	72	0	32	20	20	4	①③
	6	美容院信息管理	2019 年 1—6 月	36	0	10	10	16	2	①②③④
	7	毕业设计	2019 年 3—7 月	60	0	0	0	60	2	④
小计				366	72	60	62	172	19	

续上表

课程模块	序号	课程名称	授课时间	总学时	集中授课	企业培训	任务训练	岗位培养	学分	考核方式
岗位技术技能模块	1	美容行业企业认知	2017年9—12月	36	0	8	0	28	2	①④
	2	美容美体技术★	2017年9—12月	108	36	20	20	32	6	①③
	3	客情管理	2017年9—12月	54	0	14	20	20	3	①③
	4	美容保健方案制定★	2018年1—7月	72	18	12	12	30	4	①②③
	5	美容仪器应用	2018年1—7月	36	0	8	8	20	2	①③
	6	中医体质辨识与养生★	2018年1—7月	72	36	8	8	20	4	①③④
	7	医美技术服务	2018年9—12月	108	36	20	20	32	6	①②③④
	8	芳香美容	2019年1—6月	72	18	14	0	40	4	①③
	9	标准化服务★	2019年1—6月	144	18	18	38	70	8	①②③④
	10	产品搭配与项目整合★	2019年1—6月	72	18	14	20	20	4	①③④
	11	文饰技术	2019年1—6月	72	18	0	14	40	4	①④
		小计		846	198	136	160	352	47	
拓展自选模块	1	企业文化	2017年9—12月	36	0	16	0	20	2	①③④
	2	常用办公软件	2018年1—7月	36	6	10	20	0	2	②③
	3	营销策划与技巧	2018年9—12月	72	0	0	22	50	4	①③④
	4	危机处理	2019年1—6月	72	0	10	12	50	4	①②③④
		小计		216	6	36	54	120	12	
合计				1642	335	339	296	672	90	

附 录

说明：(1) 考核方式：①理论考试，②任务考核，③岗位考核，④面试答辩；

(2) 学分计算：理论（讲授、培训）18学时为1个学分；岗位培养（实践教学）以周为单位计算，每1周（折合20学时）为1个学分；任务训练（实践教学）按完成任务作品的质量与量计算。

(3) 集中授课上午4学时，下午3学时。

(4) 集中授课主要讲授课程理论部分，由学校老师授课；企业培训由企业导师授课；任务训练可采用线上线下组织教学，双导师均可授课；岗位培养采用带师带徒方式授课。

(5) 专业核心课程在课程名称后面加"★"标注。

2. 教学进程表

附表12 医学美容技术专业（现代学徒制）教学进程表

年级：2017 编制时间：2017年3月

教学进度安排		序号	课程名称	总学时	集中授课	企业培训	任务训练	岗位培养	学分	考核方式
第一学期	2017年9—2018年1月	1	思想道德修养与法律基础	54	14	40	0	0	3	①②
		2	形势与政策（一）	4	4	0	0	0	0	①②
		3	美容化学基础	36	18	0	0	18	2	①②
		4	美容医学基础★	54	54	0	0	0	3	①②③④
		5	美容行业企业认知	36	0	8	0	28	2	①④
		6	美容美体技术服务★	108	36	20	20	32	6	①③
		7	客情管理	54	0	14	20	20	3	①③
		8	企业文化	36	0	16	0	20	2	①③④
小计				382	126	98	40	118	21	

173

续上表

教学进度安排	序号	课程名称	总学时	集中授课	企业培训	任务训练	岗位培养	学分	考核方式
第二学期 2018年3—7月	1	形势与政策（二）	4	4	0	0	0	0	
	2	毛泽东思想和中国特色社会主义理论体系概论	72	21	51	0	0	4	②
	3	团队合作与个人管理	36	0	16	10	10	2	②③④
	4	店务与运营	72	0	18	14	40	4	②③
	5	美容保健方案制定★	72	18	12	12	30	4	①②③
	6	美容仪器应用	36	0	8	8	20	2	①③
	7	中医体质辨识与养生★	72	36	8	8	20	4	①③④
	8	常用办公软件	36	6	10	20	0	2	②③
小计			400	85	123	72	120	22	
第三学期 2018年9月—2019年1月	1	形势与政策（三）	4	4	0	0	0	0	
	2	美容咨询与沟通	36	0	0	18	18	2	②③④
	3	医美技术服务	108	36	20	20	32	6	①②③④
	4	芳香美容	72	18	14	0	40	4	①③
	5	营销策划与技巧	72	0	0	22	50	4	①③④
小计			292	58	34	60	140	16	

续上表

教学进度安排	序号	课程名称	总学时	集中授课	企业培训	任务训练	岗位培养	学分	考核方式
第四学期 2019年3—7月	1	形势与政策	4	4	0	0	0	1	①②
	2	应用写作	36	8	0	10	18	2	①③
	3	营销实务	72	0	32	20	20	4	①②③④
	4	美容院信息管理	36	0	10	10	16	2	①②③④
	5	标准化服务★	144	18	18	38	70	8	①③④
	6	产品搭配与项目整合★	72	18	14	20	20	4	①④
	7	文饰技术	72	18	0	14	40	4	①②③④
	8	危机处理	72	0	10	12	50	4	①②③④
	9	毕业设计	60	0	0	0	60	2	④
	小计		568	66	84	124	294	31	
	合计		1642	335	339	296	672	90	

说明：(1) 考核方式：①理论考试，②任务考核，③岗位考核，④面试答辩；

(2) 学分计算：理论（讲授，培训）18学时为1个学分；岗位培养（实践教学）以周为单位计算，每1周（折合20学时）为1个学分；任务训练（实践教学）按完成任务作品的质与量计算。

(3) 集中授课上午4学时，下午3学时。

(4) 集中授课主要讲授课程理论部分，由学校老师授课；企业培训由企业导师授课；任务训练可采用线上线下组织教学，双导师均可授课；岗位培养采用师徒带授方式授课。

(5) 专业核心课程在课程名称后面加"★"标注。

七、其他说明

关于学徒集中学习和培训时间,如果集中学习与岗位项目培训时间冲撞,则优先参加与岗位能力提升有关的学习内容,如果理论与新技术培训安排冲撞,则优先参加技术培训,理论知识以自学为主。

第二部分 支撑部分

一、专业人才培养实施条件

(一)学校教学条件

1. 学校导师条件

学校导师应有较强的职教能力和专业实践能力,原则上从具备以下条件的教师中挑选责任心强、教学满意度高的优秀教师担任现代学徒制学校导师。

(1)具备本科以上学历,讲师以上专业职称,有行业企业相关岗位工作经历和实践经验,具备执业医师或高级美容师以上职级的职业资格。

(2)连续5年以上担任并独立完成本专业主干课程(不少于两门)教学任务,具有运用专业知识解决实际问题的能力,课程设计能力较强,教学效果满意度90%以上。

(3)职教理念先进,教学思路清晰、具有创新性思维,教学形式与内容能够满足学徒岗位技术能力提升要求。

(4)关注美容行业发展及市场需求,并对本专业学生主要就业岗位典型工作任务及能力要求有一定的认识和了解。

(5)参与学校教育教学改革及专业内涵建设工作,并按要求完成相应的工作任务,能够提出适合专业发展的建设性意见和策略。

2. 实训条件

校内实训主要用培训导师的专业实践能力,满足学徒岗位能力提升及专业拓展能实践教学要求,一是中医美容技能实训设备,二是文饰技术设备。

3. 教学资源条件

教师有行业企业相关岗位工作经历和实践经验,具有运用专业知识解决实际问题的能力,课程设计能力较强;完善"智学徒"网络平台;具有相关培训规范、操作流程、操作视频等教学资源。

(二)企业教学条件

1. 企业基本情况

广东省伊丽莎白美容健身有限公司是一家直营管理的民营企业，目前在佛山及周边城市（东莞、中山、广州等地）已有100家连锁分店、5所美容培训学校，员工总人数近3000人，其中具有医学教育背景知识的员工比例不到10%。员工的专业能力与学历已经很难适应企业快速发展的需要，企业将提升员工的专业素质作为战略发展目标，高度重视员工的在职培训和学历提升，在薪酬待遇和岗位晋升方面出台了激励措施。从2009年开始与我院进行"订单式"人才培养等多种形式的合作。校企双方有良好的合作基础和广阔的合作空间。

2. 企业导师条件

拥有一支技术能力、资历、年龄结构合理，实践经验丰富和业务素质高的企业中高层管理者和企业技术骨干组成的专业培训团队，能承担企业内部员工岗位晋升培训和新员工培训与考核工作。能根据企业发展要求，配合人力资源部门制定员工培训计划，组织培训与考核。

企业导师团队较为稳定，且数量（师徒比不低于1：1）及条件能满足教学要求，企业导师聘任条件：

（1）具有良好的职业道德和协作能力，良好的师德和自主学习能力。
（2）能服从学校的教学管理，遵守校企教学规章制度。
（3）有5年以上企业岗位工作经历，大专以上学历或高级美容师以上职级。
（4）具有企业人力资源管理、技术服务、技术培训等岗位丰富工作经验的管理骨干和技术骨干或专业技术能力突出的一线优秀员工不受上述学历、职称限制。

3. 岗位培养条件

学徒岗位所在门店员工数不少于20人，床位数15张以上。门店人员配置及岗位条件能满足学徒岗位培养要求。

二、专业人才培养实施规范

(一)教学方法、手段与教学组织形式建议

1. 教学方法

综合采用讨论式教学、启发式教学、现场演示教学，通过项目理论培训、多媒体辅助教学、任务训练、分组讨论、典型工作案例教学、现场观摩、角色模拟训练等方法实施教学。

2. 教学手段

充分利用多媒体设备、智学徒网络平台系统等现代化教育教学手段；发挥图片、案例、视频资源的教学优势，项目导向、任务驱动，实现线上线下、课内课外混合式教学，充分调动学生积极性，达到人才培养目的。

3. 教学组织形式

通过班级集中授课、企业培训、任务训练、岗位培养四种教学组织形式开展教学活动，利于学生自主学习能力的提高，教师能及时发现学生问题因材施教，进行个性化指导。

（二）教学管理

学校与企业按"双元育人"原则共同实施、完成教学。双方共同研讨、制定现代学徒制人才培养日常教学管理办法，制订教学过程管理文件，学校主要负责职业素质基础课程和专业技术技能基础课程，企业主要负责岗位技术技能课程与拓展选修课的编制；学徒制培养以岗位学习和"师带徒"模式学习为主，学生的主要学习过程在企业内完成。企业提供教学理论教学场地，提供专业技能教学的职业岗位。日常课程教学监控工作由学校、企业和学徒三方共同承担，现代学徒制教学班的企业负责人对课程教学进行定期和不定期的现场巡视，作好相关记录和协调工作，并作为考核双导师的重要依据；现代学徒制班级学徒负责人对集中讲授和企业培训课程教学的学员考勤，收集学员对课堂教学工作的意见和建议，并严格按照规定认真填写学校统一制定的课堂教学日志；对可能影响或明显影响课程教学的问题，先由企业协调解决，必要时，校企双方共同讨论解决影响教学的有关问题。对"师带徒"教学的内容（或技能模块）、方式、考核评价等均有明确的规定，课程的考核一般由理论考核、任务训练考核和岗位培养考核组成，具体考核成绩的比重由双导师团队自行设计，从而确保日常教学的顺利开展及人才培养的质量。

责任编辑 钱 丹　　责任校对 米 奇　　封面设计 阿 丁

现代职业教育标准体系建设系列丛书

→ **《现代学徒制专业教学标准和课程标准开发指南》**

《广东特色现代学徒制理论与实践探索》

《广东现代学徒制专业教学标准研制：调查与分析（一）》

《广东现代学徒制专业教学标准研制：调查与分析（二）》

《广东现代学徒制专业教学标准研制：职业能力分析（一）》

《广东现代学徒制专业教学标准研制：职业能力分析（二）》

ISBN 978-7-5361-6317-1

定价：36.00元